PRIMEROS PASOS

Laura García Aros

García Aros, Laura
Mindfulness. Observar, escuchar, respirar, detenerse /
Laura García Aros - 1ª. Reimp. - Buenos Aires : Grijalbo, 2023.
168 p. ; 23 x 15 cm.

ISBN 978-950-28-1554-1

1. Autoayuda. I. Título.
CDD 158.1

Humberto I 555, Buenos Aires
penguinlibros.com

Edición: María Laura Caruso
Diseño de tapa e interior: Adriana Llano
Ilustración de tapa: Camila Villalba
Corrección: Marisol Rey

Printed in Argentina – Impreso en Argentina

ISBN: 978-950-28-1554-1

Queda hecho el depósito que previene la ley 11.723.

Esta edición se terminó de imprimir en Gráfica Pinter S.A., Diógenes Taborda 48,
Ciudad Autónoma de Buenos Aires.

ÍNDICE

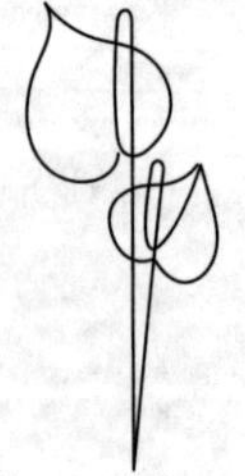

Introducción

¿DE QUÉ HABLAMOS CUANDO DECIMOS "*MINDFULNESS*"?

Una aproximación al concepto es traducirlo como 'cultivar la atención plena', también llamada *consciencia plena* o *atención consciente*.

Mindfulness es una disciplina orientada a acceder en forma rápida y fácil a la esencia de la meditación basada en la atención plena y sus aplicaciones.

La atención plena tiene que ver, ante todo, con la atención y la consciencia, que son dos cualidades humanas universales.

Consiste, fundamentalmente, en estar conectados con el momento presente, con lo que nos acontece, experimentando desde nuestros sentidos, deteniéndonos a vivir lo que sucede, evitando que nuestros automatismos impidan el disfrute y el aprendizaje que nos trae cada experiencia.

Por lo general, estamos tan inmersos en nuestras rutinas y hábitos que ya no nos detenemos a sentir, a observar y a elegir nuestro curso de acción.

La celeridad y la urgencia de los tiempos que vivimos nos empujan a una espiral vital vertiginosa, casi inconsciente, que nos aleja de nosotros mismos, de nuestros

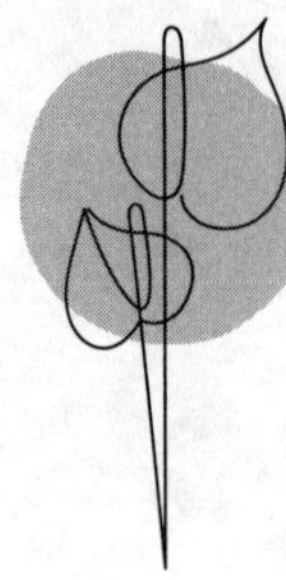

deseos y que nos dificulta evaluar las consecuencias de nuestra conducta.

A veces una situación inesperada nos devuelve la consciencia, algo nos saca del devenir y nos obliga a estar atentos a algo o a alguien.

Estos emergentes irrumpen nuestra inercia y nos hacen preguntarnos qué nos pasa, si estamos dónde queremos estar y si las personas que nos rodean son las que elegimos en este instante.

La práctica de *mindfulness* nos entrena para estar conscientes a diario, para detenernos voluntariamente a observar, sentir y actuar, sin que irrumpa lo inesperado.

Nos entrena para tomar un tiempo diario y estar presentes dándonos un espacio para frenar y tomar contacto con lo que nos pasa.

¿Es posible volver a nuestros sentidos en este momento? ¿Podemos escuchar tan solo lo que está aquí para ser escuchado?

¿Podemos ver lo que está aquí para ser visto? ¿Podemos sentir tan solo lo que está aquí para ser sentido? ¿Es posible observar la realidad en este momento, libres de nuestros pensamientos, perspectivas, visiones del mundo?

Solo se trata de parar y de caer en la cuenta de que estamos aquí habitando este espacio y este tiempo; de que solo tenemos este punto focal: el ahora, y de que no existen ni el pasado ni el futuro en este instante.

No hay nada que cambiar, ni tenemos nada que hacer, tan solo recordar el ahora.

A medida que el mundo se vuelve cada vez más complejo y nuestras jornadas se llenan de interminables cosas para hacer y para borrar de nuestra lista de pendientes, o de momentos en los que somos llamados a hacer algo, es fácil que nos sintamos cada vez más atrapados en las historias que hay en nuestra cabeza acerca de lo que ocurre y de quiénes somos en relación con todo lo que nos rodea. Es decir, a dónde nos dirigimos, quiénes esperamos ser o tememos no podamos llegar a ser, y en ese proceso, solemos perder contacto con gran parte de la belleza y la maravilla que supone estar vivos.

Por momentos estamos demasiado ocupados, demasiado atrapados en el ímpetu de todo lo que hacemos en nuestra vida; nos hemos vuelto adictos a todas las formas que tenemos para distraernos mediante nuestros dispositivos y nuestra conectividad ilimitada que perdemos de vista lo que se halla justo ante nosotros y lo que necesitamos ahora, aquí y ahora, en este momento.

El cultivo de *mindfulness* puede compensar y equilibrar esta vorágine. Puede ayudarnos a descubrir y recuperar dimensiones ocultas de nuestro ser para reconectar con nuestra humanidad.

El *mindfulness* puede suponer un contrapeso a nuestra agenda desbalanceada sin necesidad de parar nada. Solo somos nosotros quienes tenemos que parar y tan solo durante este momento. Es como detenerse a respirar. Observar nuestra respiración acelerada, torácica y permitirnos, por breves instantes, unas respiraciones profundas, plenas, sintiendo que todo nuestro cuerpo respira. Y seguir nuestro día con más oxígeno y energía.

La finalidad de este libro es reflexionar sobre el poder de estar presentes, aprendiendo a experimentar y a disfrutar en plenitud.

El aumento de nuestra presencia consciente nos posibilita gestar nuevas relaciones con nuestro entorno, trayendo beneficios emocionales, físicos y espirituales.

En definitiva, la práctica constante de la atención plena nos despertará para fluir con la alegría de estar vivos.

¿QUÉ ES LA ATENCIÓN PLENA?

La atención plena es una antigua práctica budista que adquiere mucha trascendencia para nuestra vida actual.

Forma parte de las enseñanzas de Buda para liberar a la humanidad del sufrimiento. Las ocho prácticas que Siddhartha Gautama (Buda) legó a sus discípulos como camino de iluminación fueron llamadas "El noble óctuple sendero". La séptima práctica prescripta en dichas enseñanzas es la atención plena.

Su relevancia en el presente no tiene que ver con hacerse budista, sino con vivir en armonía con nosotros mismos y con lo que nos rodea.

Desde la perspectiva budista, se considera que el estado de consciencia que tenemos durante las horas de vigilia es limitado y limitante, en muchos casos más parecido a un prolongado sueño que a un auténtico estado de vigilia. La meditación nos ayuda a despertar de este sueño caracterizado por el funcionamiento automático y la inconsciencia, y nos brinda la posibilidad de vivir teniendo acceso a un mayor espectro de posibilidades.

Los sabios, los yoguis y los maestros zen han explorado este territorio en forma sistemática durante miles de años; y en este proceso han aprendido algo que ahora puede ser muy beneficioso para Occidente, para equilibrar nuestra tendencia cultural a querer controlar y dominar la naturaleza en lugar de reconocer que somos una parte ínfima de ella.

Estas corrientes espirituales han estudiado la naturaleza de nuestra mente a través de una autoobservación mi-

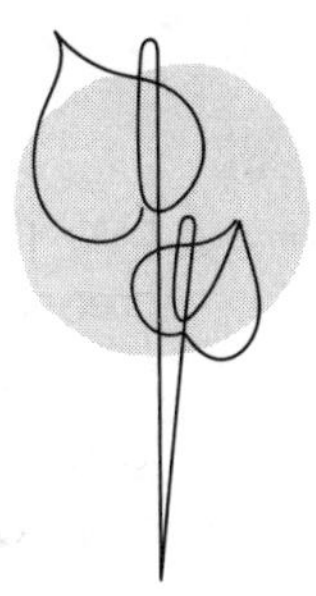

nuciosa y sistemática a fin de tener mayor satisfacción, armonía y sabiduría en nuestra vida.

Por lo tanto, se dice que la atención plena es la esencia de la meditación budista. Es, fundamentalmente, un concepto sencillo. Su poder yace en practicarla y aplicarla. **Atención plena** significa prestar atención de una manera determinada: de forma deliberada, en el momento presente y sin juzgar.

Este tipo de atención permite desarrollar mayor consciencia, claridad y aceptación de la realidad del momento presente.

Si no estamos presentes, es posible que nos perdamos aquello que es más valioso en nuestra vida, e, incluso, que no nos percatemos de las posibilidades de crecimiento y transformación que están delante de nosotros.

El acceso a estas enseñanzas básicas del budismo, taoísmo y del yoga también aparecen en Occidente en la obra de personas como Emerson, Thoreau y Whitman, así como en la sabiduría de los indios norteamericanos.

Cultivar la atención plena es el arte de vivir de forma consciente. No es preciso ser budista, yogui ni taoísta para practicarla. El budismo busca el despertar de la propia consciencia y dejar surgir nuestra naturaleza profunda sin imponer ni contrariar ninguna cultura o creencia.

De hecho, "buda" significa 'el que ha despertado a su naturaleza auténtica'.

Esta práctica no va a entrar en conflicto con ninguna creencia o tradición, ya sea religiosa o científica. Es, simplemente, una forma de estar más en contacto con la plenitud de nuestro ser por medio de la autoobservación, de la autoindagación y de la acción atenta.

Los frutos de esta práctica son la amabilidad y la capacidad de apreciar y nutrir tanto nuestro interior como nuestro contexto externo.

Primera parte

CONCEPTOS BÁSICOS PARA ANDAR EL SENDERO DE LA ATENCIÓN PLENA

"El verdadero amor nace de la comprensión".

BUDA

1. PARAR/DETENERSE

¿Nos hemos detenido alguna vez del todo?

¿Hemos albergado tan completamente nuestro cuerpo o hemos vivido nuestra vida tan plenamente que lo que sabíamos y lo que no sabíamos, lo que fue, lo que todavía está por venir y lo que ahora son las cosas, dejan de despertar ansiedad y discordia?

Ese sería un momento de presencia completa más allá de todo esfuerzo, más allá de toda aceptación, más allá de todo deseo de huir, más allá de todo intento de cambiar algo o de precipitarse.

Un momento más allá del tiempo, en el que solo es, un momento de puro sentir, un momento en que la vida simplemente es, un momento en el que la totalidad impregna todos nuestros sentidos, nuestros recuerdos, nuestros genes y todos nuestros amores.

JON KABAT-ZINN

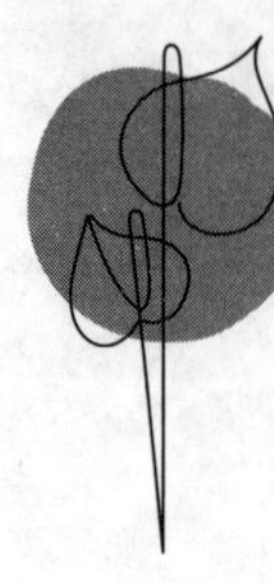

Prácticamente, estamos pensando todo el tiempo. La incesante corriente de pensamientos que corre en nuestra mente sin parar no nos permite experimentar el silencio interior. Con demasiada frecuencia esta corriente de pensamiento nos lleva a realizar acciones de manera poco consciente. Nos dejamos arrastrar. Actuamos por impulsos, en forma reactiva.

Meditar significa salir de esta corriente torrentosa, sentarnos a ver pasar este río mental, detenernos y escuchar.

Este proceso no ocurre solo. Requiere nuestra energía y esfuerzo para salirnos del movimiento unos minutos y parar a observar este momento. A este detenerse en forma consciente y elegida lo llamamos *práctica meditativa*.

Consiste en parar y estar presente, eso es todo. Simple, pero no fácil.

¿Podría en este momento detenerse un instante? ¿Qué pasaría si hiciera una pausa ahora? ¿Qué siente? ¿Qué ve? ¿Qué oye?

Es interesante observar que al detenernos nos hacemos conscientes de que estamos aquí, ocupando el espacio a consciencia, como si recién al parar pudiéramos habitar nuestro cuerpo, nuestro espacio y lugar.

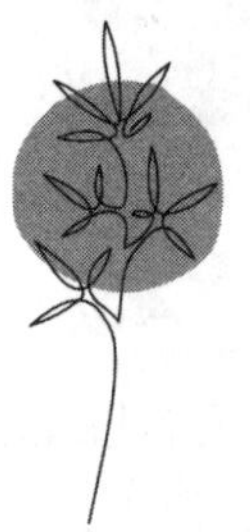

2. ACEPTAR: ESTO ES LO QUE HAY

"Haz lo que haces."

San Agustín

El deseo de que ocurra algo particular nos aleja de lo que efectivamente está ocurriendo. En esa brecha entre lo que pasa y lo que queremos que pase nos perdemos la experiencia misma.

Las expectativas tiñen el espacio de ansiedad. Nuestras ideas, pensamientos y emociones arman una narrativa que nos impide conectar con lo que aparece ante nosotros. Si estamos en esta conversación interna de expectativas y deseos, no estamos presentes, nos fuimos del juego de la vida.

Por querer helado nos perdemos la torta que nos ofrecen. Nos frustra que no haya helado y, por eso, no disfrutamos de la deliciosa torta casera.

Nuestra mente tiene el hábito de volar del presente, de irse, de huir. Por lo tanto, es preciso que generemos algunos llamadores para salir del piloto automático y volver a lo que estamos haciendo.

Cada tanto, preguntarse a lo largo del día: ¿Dónde está mi mente ahora? ¿Dónde estoy?

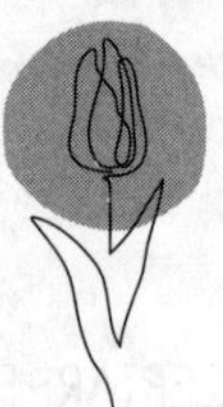

3. TENER PRESENTE LA RESPIRACIÓN

"Kabir dice: Dime, estudiante, ¿qué es Dios?
Dios es la respiración que hay dentro de la respiración".

KABIR

La respiración es el recurso más a mano que tenemos para sostenernos en el presente. Está disponible para nosotros en cualquier momento que la necesitemos para generar un punto de anclaje y enfocar la mente cuando comienza a vagabundear.

Al llevar la atención a la respiración, nos recordamos a nosotros mismos que ahora estamos aquí.

A veces decimos "no he tenido tiempo ni para respirar", intuitivamente sabemos que podemos utilizar la respiración consciente para centrarnos, volver al eje y equilibrarnos.

El *mindfulness* sugiere simplemente conectar con la sensación de respirar. Sentir cómo el aire entra al cuerpo y cómo sale del cuerpo.

SIMPLEMENTE CONECTAR CON LA SENSACIÓN DE RESPIRAR. SIN FORZAR NADA, NI PRETENDER MODIFICAR EL RITMO RESPIRATORIO, SOLO PERCIBIR SIN INTERVENIR.

UTILIZAR LA RESPIRACIÓN PARA VOLVER AL PRESENTE NO REQUIERE TIEMPO, SINO UN CAMBIO DE ATENCIÓN. ASÍ SE VAN ENTRELAZANDO MOMENTOS DE CONSCIENCIA.

4. OBSERVAR, ESCUCHAR Y COMPRENDER SIN JUZGAR

> "Meditar es cultivar una actitud libre de juicios hacia lo que emerge en la mente, sea lo que sea".
>
> JON KABAT-ZINN

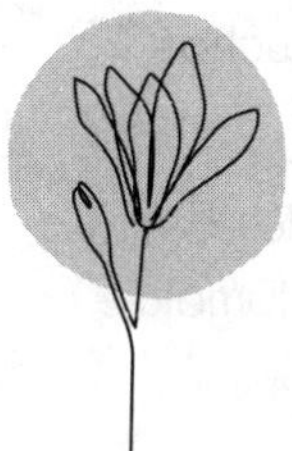

Empezar a practicar la meditación nos permite despertar a la realidad más allá de los juicios y pensamientos que inundan nuestra mente todo el tiempo. A medida que se medita, se observan los pensamientos como un río que fluye al que podemos ver pasar sin introducirnos en él para nadar.

Estos juicios, estas ideas, estas visiones del mundo son nuestras gafas, son los anteojos desde los cuales se colorea la realidad.

En la meditación nos hacemos conscientes de que llevamos anteojos y por minutos podemos dejarlos de lado y ver al río pasar.

Esos instantes sin gafas, sin estar tomados por nuestros prejuicios, pensamientos, sesgos, ideas sobre las cosas que nos rodean, son instantes de despertar. Nos permiten estar despiertos teniendo una percepción directa de las cosas, situaciones y personas.

Por primera vez, y por leves instantes, podemos ver la flor en forma directa y relacionarnos con ella, sentirla, comprender su existencia, sin relacionarnos solo con la idea que tenemos del concepto "flor".

Nuestros juicios reducen la realidad a nuestros estándares, las cosas aparecen como creemos que son, sin to-

mar consciencia de cómo en verdad son. Así achicamos la existencia a nuestras ideas preconcebidas y minimizamos nuestro mundo, reduciendo también las posibilidades que somos capaces de observar, dejando muchas de ellas fuera del cuadro que armó nuestra mente.

Despertar implica generar pequeños hiatos, instantes de paréntesis, un sereno vacío sin pensamientos para tomar contacto directo con la existencia, aquí y ahora.

Meditar significa cultivar una actitud libre de juicios hacia lo que emerge en la mente, sea lo que sea. Sin esta actitud no estamos meditando. Esto no significa que no vayan a seguir apareciendo los juicios. Por supuesto emergerán, porque, por naturaleza, la mente compara, juzga y evalúa. Cuando esto sucede simplemente observamos sin pretender detener, opinar o intervenir. Observamos y dejamos pasar como testigos. La actitud es de testigos de cualquier cosa que surja. Al ser testigos de nuestro pensar vamos haciéndonos conscientes de nuestros patrones de pensamiento y tendencias emocionales y de conducta. Este observar consciente desarrolla nuestra receptividad y aumenta nuestra aceptación.

No juzgar no significa que dejemos de saber cómo actuar en sociedad o que todo lo que hagan los demás esté bien. Simplemente significa que, si sabemos que estamos inmersos en una corriente inconsciente de preferencias que nos aísla del mundo y de la pureza básica de nuestro ser, podremos actuar con mucha más claridad y estar más equilibrados, ser más eficaces y regirnos por una conducta ética en nuestras actividades.

5. SOLTAR

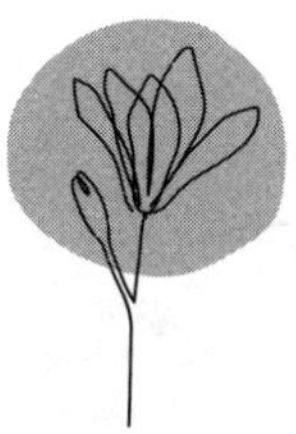

"No hay que llenar los vacíos, hay que habitar los espacios". "Cuando algo termina, hay que tener el coraje de sostener el vacío, porque siempre surge una situación nueva". "El primer paso para conseguir lo que realmente queremos pone en marcha el doloroso proceso de perder lo que ya no nos sirve".

JON KABAT-ZINN

Más allá de una frase hecha y muy utilizada en estos tiempos, hay en la estrategia de "aprender a soltar" algo muy valioso que la convierte en una práctica de importancia para una vida pacífica.

Soltar es una invitación a no aferrarnos mentalmente a lo que sea: una idea, un objeto, un suceso, una perspectiva o un determinado deseo.

Soltar implica dejar de forzar, de resistirnos o luchar, intentando que suceda lo que no aparece. A cambio, aparece algo poderoso y saludable que surge del hecho de permitir que las cosas sean como son, sin quedarnos atrapados en la atracción o en el rechazo que sentimos hacia ellas, desengancharnos del deseo, de lo que nos gusta u obsesivamente no nos gusta.

Cuando nos aferramos y pretendemos controlar lo que nos rodea, somos nosotros mismos los que quedamos atrapados, atascados a puntos de vista limitados, a esperanzas y deseos que se basan en el interés personal.

PRUÉBELO, AUNQUE SEA PARA DIVERTIRSE. COMPRUEBE POR SÍ MISMO SI SOLTAR CUANDO UNA PARTE DE USTED QUIERE REALMENTE AFERRARSE NO LE PROPORCIONA UNA SATISFACCIÓN MÁS PROFUNDA QUE AGARRAR.

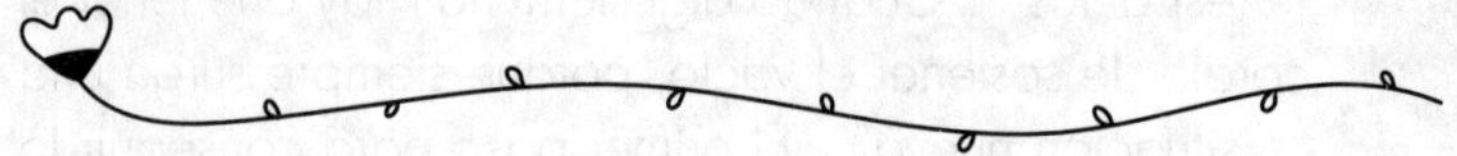

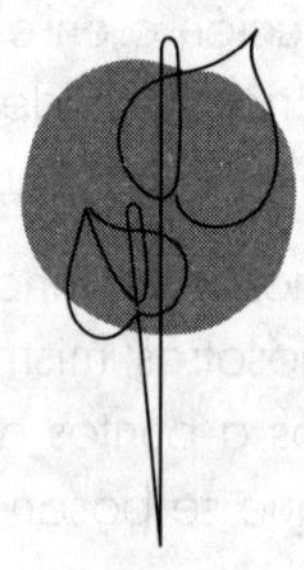

6. CONCENTRARSE

"Las cosas empiezan a encajar con absoluta perfección cuando estamos concentrados en lo que queremos".

PAULO COELHO

La concentración es uno de los elementos clave de la práctica de la atención plena. Puede practicarse junto con la atención plena o por separado.

Podemos definir la concentración como la capacidad de la mente de mantener la atención estable en un objeto o soporte.

Se cultiva prestando atención a una única cosa, como la respiración, enfocando la mente solo en ese objeto.

Cuando practicamos formas concentrativas de meditación, nuestra energía se focaliza en volver al punto de apoyo elegido, y evitamos investigar y seguir a la mente mientras vagabundea.

Con la práctica prolongada, la mente tiende a ser cada vez más capaz de permanecer con la respiración o de detectar el primer impulso de distraerse con otra cosa. Por eso, cuando lo detecta, es más hábil para resistirse al impulso y permanecer en la respiración o puede regresar rápidamente ella.

La estabilidad y la calma que surgen con la práctica de la concentración en un solo punto son la base sólida para avanzar y profundizar la práctica de la atención plena.

7. PRACTICAR LA NO ACCIÓN

"Lo pesado es la raíz de lo ligero.
La quietud es el origen de todo movimiento".

LAO-TSE

Si nos sentamos a meditar, aunque sea un momento, será un momento de no acción. Es muy importante comprender que esta no acción no es sinónimo de no hacer nada.

No podrían ser más diferentes. La consciencia y la intención son muy importantes a este respecto.

Lo que solemos denominar "meditación" implica dedicar un tiempo a detener toda actividad externa y cultivar la quietud en forma deliberada, sin otro propósito que el de estar plenamente presentes a cada instante. No hacer nada. Quizás tales momentos de no acción sean el mayor regalo que podemos hacernos.

A los occidentales nos resulta un tanto difícil entender el sabor de la no acción, porque nuestra cultura concede mucho valor a la acción y al progreso. Incluso en nuestro tiempo libre, tendemos a estar muy ocupados y vivir sin atención plena.

Lo gozoso de la no acción es que no es preciso que ocurra nada más para que este momento sea pleno.

La paradoja es que la única forma de hacer algo de valor es permitir que el esfuerzo surja de la no acción y de dejar de preocuparse por saber si será útil o no. La implicación personal y nuestra avaricia tienden a distorsionar el proceso creativo y nuestra relación con el trabajo. Nuestro interés y nuestra visión sesgada enrarecen el proceso creativo y le quitan curiosidad real. Los buenos científicos conocen este estado mental de implicación personal y se protegen de él, porque inhibe el proceso creativo y distorsiona la capacidad de ver las conexiones con mayor claridad.

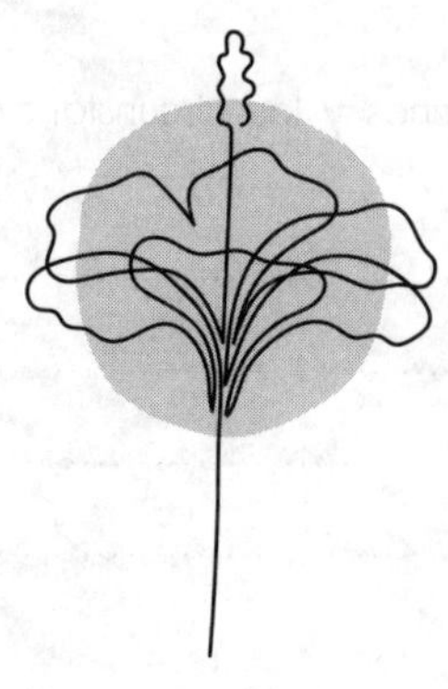

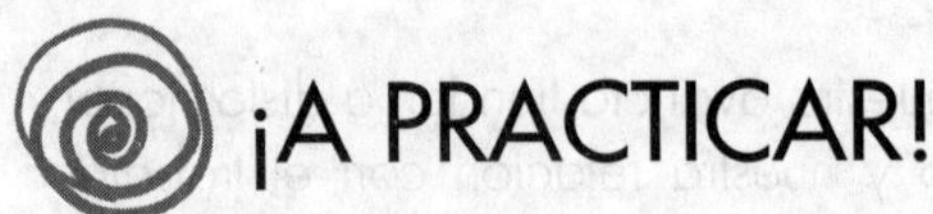

¡A PRACTICAR!

1. Siéntese cómodamente.

2. Haga diez respiraciones profundas, abdominales. Sienta cómo el aire entra a sus fosas nasales, retenga un instante. Luego, exhale suavemente por la boca, retenga un instante a pulmón vacío. Sin forzar.

3. Recuerde y escriba un objetivo que no haya podido cumplir hasta ahora.

....

....

....

4. Describa los hechos y las circunstancias que tienen que ver con dicho objetivo.

....

....

....

....

5. Luego haga una lista de por qué cree que no lo logró hasta ahora.

....

....

....

....

6. De todo lo que escribió, elija tres de sus opiniones relacionadas con el tema, con la condición meta.

....

....

....

....

7. Ahora convierta esas opiniones o juicios limitantes en una creencia positiva. Es decir, en una creencia que lo ayude o facilite a hacer realidad su meta, una manera de pensar o una idea fuerza que le permita confiar en su concreción.

....

....

....

....

....

8. Si de verdad creyera lo que acaba de anotar, ¿qué acciones diseñaría para cumplir su objetivo pendiente?

....

....

....

....

....

....

SI LO PUEDO VER LO PUEDO LOGRAR

1. Busque dos imágenes, fotos o dibujos que representen su objetivo actual, de manera tal que, al ver dichas imágenes, visualice claramente lo que quiere.

2. Dichas imágenes deben ser preferentemente con colores, no en blanco y negro, y deben llamar su atención, no pasar desapercibidas.

3. Ahora recórtelas y péguelas en el libro.

4. Durante un mes mírelas detenidamente antes de dormir.

5. Escriba en los renglones lo que quiera registrar de esta actividad. Sus avances, sus sentimientos, su utilidad para este objetivo u otros.

....

....

....

....

....

....

....

....

....

....

....

....

....

....

....

....

....

....

....

....

....

MONÓLOGO INTERIOR DIRECTO

Nuestra mente genera una catarata de pensamientos en forma regular. Por lo general, son dispersos, sin hilo conductor, aunque algunos temas generan rumia y pensamiento obsesivo, como un disco de pasta rayado.

A la hora de meditar, este vertiginoso movimiento interno nos complica o perturba la práctica. Por eso, le sugiero vaciar la mente a través de este ejercicio.

Escriba en un papel durante cinco minutos todo lo que se le venga a la cabeza. Sin organizarlo, sin correcciones, sin reescribir. Directo de la cabeza a la mano. Sin reflexión o análisis. Es como la descarga de un documento a un *pendrive*. Que su mano exprese todo lo que viene a su pensamiento sin orden prefijado.

El ejercicio está diseñado para que sus pensamientos pasen al papel sin filtro y se libere la tensión que los pensamientos atropellados generan.

Si esta actividad la repite a diario, aliviará su mente y, por ende, sus emociones, en especial, la ansiedad.

A veces, al leer el material del monólogo, descubrirá sus preocupaciones recurrentes sobre las que puede decidir. Y otro material será totalmente descartable, solo funciona como pensamiento boicot, es decir, el que lo saca o corre de su verdadero objetivo.

¿QUIÉNES, CUÁNDO Y DÓNDE PRACTICAR *MINDFULNESS*?

Cualquier persona que tenga la voluntad y el deseo de iniciarse en la práctica de la atención plena puede hacer *mindfulness*.

Sin embargo, requiere la disciplina necesaria para invertir un tiempo a diario para meditar. En muchos casos, implica iniciar un nuevo hábito, el de detenerse y por unos minutos elegir no accionar y dedicarse a estar plenamente atento a lo que se hace.

Cada persona elegirá los tiempos y momentos diarios que sean más propicios para la práctica. Sin práctica no hay frutos.

Puede hacerse acostado, caminando, sentado, o poniendo la atención plena en cualquier actividad que se elija hacer bajo esta modalidad. Con plena atención, como si nuestra vida dependiera de realizar la actividad.

Lo ideal es elegir un lugar tranquilo de la casa o cualquier lugar que favorezca nuestra concentración y tomando recaudos para no ser molestados o interrumpidos en forma abrupta. Podemos elegir hacerlo caminando, bailando, escuchando música, estando conscientes de cada paso, de cada movimiento, de la melodía o cambio de ritmo.

La meditación sentada

La meditación sentada implica estar en una postura erguida y digna, durante el tiempo que dure dicha meditación.

Si bien resulta aparentemente fácil tomar una postura erguida, puede constituir un desafío mantenerla durante un tiempo prolongado.

Consiste en adoptar una postura corporal especial y potente que sirva de asiento para la mente.

Una vez sentados, hay muchas formas de conectar con el tiempo presente. Todas ellas implican prestar atención en forma deliberada y sin juzgar. Lo que varía es a qué prestemos atención y cómo.

Lo mejor es iniciar con la respiración, percibiendo cómo el aire entra y sale.

Intente dedicar cinco o diez minutos todos los días. Siéntese y utilice la respiración como ancla para amarrar la atención al momento presente. Cada vez que la mente vague, vuelva, suavemente y sin tensión, a la respiración. Mantenga la postura erguida, pero sin rigidez. Ponga las manos con las palmas hacia arriba sobre su regazo. Piense en sí mismo como una montaña.

La meditación acostada y escáner corporal

Cuando meditamos acostados, lo más importante es recordar que se trata de una práctica orientada a despertar, porque el "riesgo" es quedarnos dormidos.

Nos permite prolongar el tiempo de la práctica meditativa, a diferencia de la meditación sentada.

Los momentos óptimos son antes de dormirnos o cuando recién nos despertamos.

Esta posición favorece registrar el ascenso y descenso del vientre junto con nuestra respiración.

El abandono del cuerpo a la acción de la gravedad, sintiendo el peso de la gravedad en nuestro cuerpo sobre la superficie, es muy relajante.

La posición consiste en permanecer tumbados de espaldas con los brazos junto al cuerpo y los pies apuntando hacia afuera.

Podemos elegir distintos focos de atención, por ejemplo, los puntos de apoyo del cuerpo y detenernos en todos y cada uno de ellos sobre la superficie del suelo o símil.

Otra forma puede ser prestar atención a todos los sonidos que escuchemos a nuestro alrededor. Solo escuchar sin juzgar ni intervenir.

También podemos hacer el **escáner corporal**, una forma muy curativa de meditación yacente.

El escáner implica la observación sistemática del cuerpo y de la mente, dirigiendo la atención amable a sus distintas regiones. Se empieza por los dedos del pie izquierdo, luego todo el pie parte por parte, se continúa por la pierna izquierda, la rodilla, la rótula y todo el muslo, la ingle, hasta la cadera izquierda. Luego se baja a los dedos del pie derecho y se sigue el mismo recorrido con las demás partes de la pierna derecha, como se hizo con la izquierda.

Luego la atención pasa, lenta y sucesivamente, a la región pélvica, cadera, glúteos, genitales, la parte inferior de la espalda, el abdomen, la parte superior del torso, el pecho y las costillas, el corazón, los pulmones, las escápulas, las clavículas y los hombros.

A continuación, el recorrido sigue secuencialmente por cada uno de los brazos, los dedos, las palmas, dorso de las manos, las muñecas, los antebrazos, los codos, la parte superior de los brazos, las axilas y, finalmente, los hombros. Después se pasa por el cuello, la garganta y, por último, la cara y la cabeza.

El escáner corporal puede ser llevado adelante con detalle y precisión. También se puede observar cómo opera la respiración en cada región por la que se va pasando. Sentir la temperatura de cada zona, la energía y el fluir de la sangre en cada una.

Es muy probable que, si hacemos uso reiterado de la meditación yacente y del escáner corporal, no tardemos en descubrir que nos aportan una vitalidad renovada y nos llevan a valorar nuestro cuerpo, su belleza, vitalidad, y la propiocepción genera una mente abierta y serena.

La meditación de pie

También es posible meditar de pie. Es interesante, durante este tipo de meditación, tener muy en cuenta lo que hacen los árboles, porque nuestra vida debería parecerse a la de los árboles que se hallan bien asentados en el presente.

Podemos practicar cerca de nuestro árbol preferido, o imaginándonos como un árbol y sentir que nuestros pies están arraigados en el suelo y que nuestra cabeza se yergue grácil y fácilmente hacia los cielos.

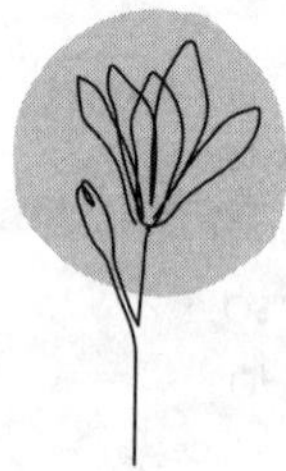

Esta postura encarna la actitud de permanecer conscientes en la vida cotidiana. Implica estar atentos al modo en que sostenemos la cabeza, los brazos y las manos, cómo distribuimos el peso en nuestros pies, cómo están nuestro equilibrio y estabilidad.

Meditar de pie, sostenernos erguidos, muestra de forma extraordinaria el esfuerzo de permanecer plenamente atentos en nuestra vida cotidiana.

Como es obvio, la meditación de pie puede practicarse en cualquier lugar y durante el tiempo que queramos y no tan solo cerca de los árboles. Podemos hacerlo en el ascensor, en el subte, en el tren o en cualquier lugar público. Es un excelente recurso para detenernos y bajar nuestros niveles de tensión diaria.

El paseo meditativo

El paseo meditativo constituye otra puerta de acceso al mismo dominio al que conducen las meditaciones acostada, sentada o de pie. Su espíritu y objetivo son los mismos, aunque los apoyos empleados difieran.

El paseo habitual no pretende llegar a ningún lugar concreto, sino que tan solo aspira a traernos, con cada nuevo paso, un poco más aquí, el único lugar en el que realmente estamos.

El hecho de caminar nos permite habitar nuestro cuerpo de un modo diferente al que usamos cuando estamos sentados o tumbados.

Podemos prestar atención a nuestros pies y sentir contacto con el suelo y arraigarnos a cada nuevo paso, como si abrazásemos la tierra con la planta de los pies y esta, a su vez, nos devolviera el abrazo.

Como el objetivo no consiste en llegar a ninguna parte, es mejor limitar las ocasiones de distracción yendo y viniendo lentamente una y otra vez por el mismo sendero.

Puede ser practicado a velocidades muy diferentes, por lo tanto, puede realizarse en muchas situaciones de la vida cotidiana.

Mientras caminamos, se trata de mantener una postura en la que los brazos y las manos puedan estar cómodamente relajados y formar parte integral de la totalidad de la experiencia del cuerpo caminando.

La práctica consiste en caminar y ser conscientes de que estamos caminando, dándonos cuenta del espectro de las sensaciones corporales que acompañan el paseo, o sea, estar presentes a cada paso.

Poner la consciencia en nuestra manera de pisar, en cómo nuestros pies pesan en el suelo o andan livianos, observar nuestra columna vertebral, sentir si está en eje o desbalanceada, si se alinea o se arquea, tomar consciencia de la tensión física, de molestias y conectar con la visión de espacios abiertos nos aporta conocimiento valioso de nosotros y nos acerca a saber cómo nos estamos sintiendo.

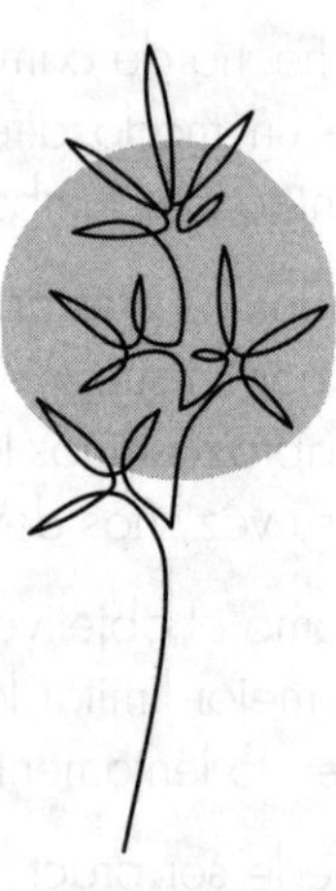

¡A PRACTICAR!

1. CAMINOS NUEVOS

Esta práctica está orientada a reconocer nuestros automatismos, a darnos cuenta de nuestros rituales cotidianos y permitir abrir un nuevo espacio de observación y autoconocimiento.

Se puede realizar con cualquier acción diaria, decidiendo hacerlo de diferente modo.

- Cambiar el camino de ida o de vuelta al trabajo. Ir por otras calles, caminar parte del trayecto, diagramar nuevas formas de llegar a los lugares habituales.
- Bañarse de forma diferente. Si habitualmente empieza lavándose la cabeza, inicie por los pies. Si se ducha, tome un baño de inmersión.
- Escriba con la mano no dominante. Tome cinco minutos para observarse haciéndolo. Cepíllese los dientes con la mano no dominante. Tome consciencia de la diferencia.

2. ESCRIBO LO QUE QUIERO

En esta actividad lo invito a escribir en el libro qué desea para usted en algún área de su vida.

El objetivo es concentrarse y apropiarse de nuestros deseos y darles vida, impulsándolos a convertirse en realidad.

Expresar lo que quiero es el primer paso para lograrlo.

- Elija un área de su vida.
- Escriba qué quiere que pase en dicha área, escríbalo con claridad y defínalo en forma concreta.

....

....

....

....

....

....

- Póngale plazo o una fecha.

....

- Visualice con nitidez su deseo cumplido.
- Sostenga el foco en su mente poniéndole colores nítidos, aromas agradables, brillo, belleza, emociónese con lo que imagina.
- Repítalo dos veces por día.

3. DIBUJO LO QUE NECESITO

El primer paso para reconocer nuestra vulnerabilidad es darnos cuenta de lo que necesitamos.

Si sabemos lo que necesitamos, podemos pedirlo. En el acto de pedir acepto mi necesidad y mi vulnerabilidad y, al mismo tiempo, reconozco y valoro al otro, quien puede proveerme lo que necesito.

Pedir y tomar lo recibido facilitan las relaciones interpersonales y aumentan la confianza en las interacciones humanas.

- Dibuje algo que necesite.

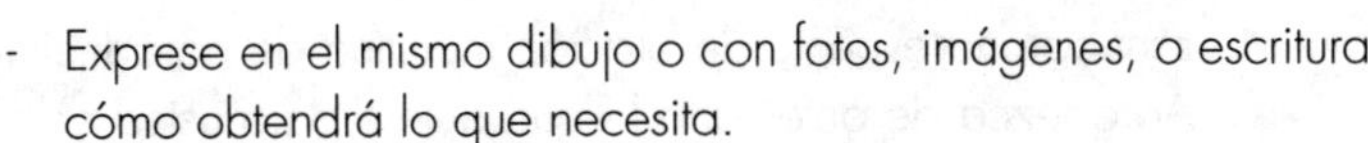

- Exprese en el mismo dibujo o con fotos, imágenes, o escritura cómo obtendrá lo que necesita.
- Detalle por escrito los pasos para lograr su cometido y satisfacer su necesidad.

....

....

....

....

....

....

4. AGRADEZCO A DIARIO

Agradecer implica reconocer el valor de lo recibido, tanto si nos lo da una persona, una organización o la vida misma.

Agradecer implica elegir mirar el vaso medio lleno. Es una actitud de vida. Se elige. Se decide mirar lo que hay y no lo que falta.

La mirada de abundancia está íntimamente relacionada con la gratitud. Y quejarse de lo que nos falta nos conecta con la escasez.

Todas las disciplinas orientales, del budismo a la fecha, nos enseñan a entrenar la atención. Donde va la atención en eso nos convertimos. Si quiero crear abundancia, me enfoco en lo que tengo y soy, y agradezco.

Si estoy atento solo a lo que falta, si me quejo, estaré obteniendo escasez.

- **Amanecer agradeciendo**: Levántese a la mañana y, antes de realizar cualquier actividad, agradezca haber amanecido.
- Escriba una especie de oración matutina de agradecimiento. Agradezca de antemano lo que quiere para usted en el día, como si ya lo hubiera logrado.

....

....

....

....

....

....

....

- Escriba la oración y pegue o dibuje un símbolo que para usted represente la **GRATITUD**.

....

....

....

....

- **Mi cara en el espejo**: En el baño frente al espejo agradézcase tres acciones o actitudes propias que le vengan a la mente.

  Luego escriba: **Me agradezco y valoro**...

Me agradezco y valoro...

....

....

....

....

- **Lista de gracias**: Exprese por escrito algunos agradecimientos pendientes. Haga su lista de gratitud.

....

....

....

....

....

....

....

....

....

....

....

....

....

....

Elija de la lista a quién llamará para darle las gracias.

Sáquese una foto o *selfie* después de agradecer.

- **Gracias nocturnas**: Cierre su día, antes de dormir, agradeciendo algo que le haya sucedido, que haya hecho o dicho y que merezca reconocimiento. Dormirse con un pensamiento positivo, como la gratitud o el reconocimiento de un logro, predispone a despertar de buen ánimo.

Sugiero registrar en su agenda lo bueno del día.

Tercera parte

CUALIDADES QUE FAVORECEN LA PRÁCTICA DE *MINDFULNESS*

"Determinadas actitudes o cualidades mentales favorecen la práctica de la meditación y proporcionan tierra fértil en que las semillas de la atención plena pueden crecer y florecer. Al cultivar deliberadamente estas cualidades, estamos labrando la tierra de nuestra propia mente, nos estamos asegurando de que pueda servir como fuente de claridad, de compasión y de acciones correctas en nuestra vida".

JON KABAT-ZINN

PACIENCIA

"¿Tienes la paciencia de esperar a que el lodo se asiente y el agua se aclare?".

LAO-TSE

La paciencia es la cualidad que acepta los procesos. La persona paciente respeta los tiempos y ritmos de las cosas, sabe que para llegar a cualquier resultado y nacimiento, se precisa de un tiempo de gestación y cultivo.

La paciencia es una de las actitudes éticas fundamentales. Si cultivamos la paciencia, respetaremos a los otros seres humanos en sus diferencias y no resistiremos los procesos de comprensión diferentes a los nuestros. Es una apuesta a la paz, al diálogo y a la apertura.

Muchos la definen como la ciencia de la paz. Pues no fuerza, respeta, se detiene y reflexiona.

Si cultivamos la paciencia, prácticamente no podremos evitar cultivar la atención plena, y nuestra meditación se irá haciendo cada vez más rica y madura.

La paciencia se relaciona con la confianza en los procesos. Tiene fe en el ritmo y sentido de los acontecimientos. Es opuesta al control y al miedo que le da origen. Constituye un recordatorio de que las cosas se despliegan a su propio ritmo. No se puede acelerar el florecimiento del cerezo, ni el fruto maduro. Las fases de la luna tienen un tiempo pautado. Y al amanecer le sigue el atardecer. Como las estaciones y las mareas. No podemos correr antes que caminar. Ni danzar antes de dar los primeros pasos. El buen vino fermenta a su tiempo, y la masa tiene un tiempo de cocción para convertirse en pan.

La paciencia es una alternativa siempre presente ante la agitación y la impaciencia endémicas de la mente. Si rascamos un poco en la superficie de la impaciencia, lo que encontraremos debajo es enojo, la intensa energía de no querer que las cosas sean como son y de culpar a alguien o a algo de ello. Esto no significa que no podamos ir de prisa cuando tengamos que hacerlo. Se puede ir de prisa y con paciencia, con atención y moviéndonos rápidamente, porque hemos elegido hacerlo.

Desde la perspectiva de la paciencia, las cosas ocurren porque otras cosas ocurren. Nada está separado y aislado. No hay una causa absoluta de lo que nos acontece, hay una multiplicidad de causas, directas, indirectas, remotas. Si tiramos de ese hilo causal, ¿en qué o quién debemos hacer recaer la culpa o el castigo? ¿Con qué nos enojaremos? ¿Con el mundo? Pero ¿qué es el mundo? ¿Acaso nosotros mismos no tenemos impulsos de enojo y en determinadas circunstancias entramos en contacto con impulsos violentos?

La paz y la voluntad de tener paciencia ante una provocación o sufrimiento inmenso solo pueden emerger del cultivo de la compasión que no se limita a los amigos, sino que se extiende también hacia aquellos que, debido a su ignorancia, aunque a menudo parezcan malvados, nos pueden hacer sufrir a nosotros y a las personas que amamos.

Esta compasión que los budistas llaman *atención* y *comprensión correctas* no surge de manera espontánea. Debe ser practicada. No es que no surjan sentimientos de enojo, sino que voluntariamente decidimos que la energía del enojo alimente la paciencia, la armonía y la comprensión.

Cada vez que nos detenemos y nos sentamos a meditar y tomamos consciencia del flujo de nuestra respiración, estamos cultivando la paciencia. Y esta invitación que nos hacemos a nosotros mismos para estar abiertos, estar más en contacto y tener más paciencia con relación a nuestros momentos se expande de forma natural a otros momentos de nuestra vida. Sabemos que las cosas se despliegan según su propia naturaleza. Podemos acordarnos de eso y permitir que nuestras vidas se desplieguen del mismo modo.

No debemos permitir que nuestras ansiedades y nuestro deseo de conseguir ciertos resultados dominen la cualidad del momento. Cuando debemos empujar, empujamos. Cuando debemos tirar, tiramos. Pero también debemos estar conscientes de cuando no tirar ni empujar.

Mediante todo esto, intentamos aportar equilibrio al momento presente, con la comprensión de que en la paciencia hay sabiduría, con el conocimiento de que lo que ocurra a continuación estará determinado en gran medida por cómo estamos ahora.

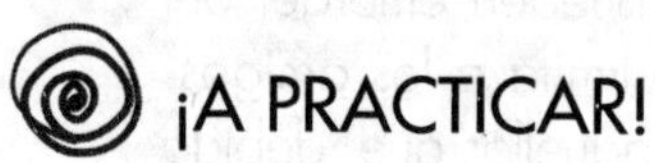

¡A PRACTICAR!

La paciencia nos permite atravesar las situaciones de la vida respetando nuestro sentir, los procesos propios y los ajenos. Es una cualidad poco desarrollada en estos tiempos de locura.

Le propongo una actividad sencilla que pondrá a prueba su músculo de la paciencia. Podrá tomar consciencia del estándar actual de su paciencia e ir avanzando hasta aumentar esta cualidad y disminuir su ansiedad.

1. Reescribir: escriba un resumen de algo que lo haya impactado en el día, cualquier suceso o circunstancia. No más de 10 renglones. En forma rápida, sin pensarlo.

....

....

....

....

....

....

....

....

....

....

Al terminar, léalo y reescríbalo con buena letra, prolijo, y mejor redactado. Hágalo despacio, a menos de la mitad de la velocidad de la primera práctica.

....

....

....

....

....

....

....

....

....

....

....

....

....

....

....

....

....

....

....

....

¿QUÉ LE SUCEDIÓ? ¿QUÉ PENSAMIENTOS LO DETENÍAN?

CONFIANZA

"Estando siempre dispuestos a ser felices
es inevitable no serlo alguna vez".

BLAS PASCAL

"Empieza por hacer lo necesario, luego haz lo
posible y de pronto estarás haciendo lo imposible".

SAN FRANCISCO DE ASÍS

La confianza es la certeza o convicción que uno tiene de que las cosas pueden desplegarse dentro de un marco fiable que encarna el orden y la integridad. Es como una "confianza existencial", un estado de ánimo que atraviesa tu vivir y tu sentir.

Puede que no siempre comprendamos lo que nos está sucediendo, qué les está sucediendo a quienes nos rodean, o el para qué de una situación determinada, pero si confiamos en nosotros mismos y en los demás o confiamos en el proceso o en un ideal, podemos encontrar un elemento estabilizador muy potente. Dicho elemento abarca la seguridad, el equilibrio y la apertura dentro de la confianza, el cual no se basa en la ingenuidad, sino en la certeza de que, de alguna manera, la vida nos guía y nos protege intuitivamente de resultar dañados o de hacernos daño.

En la práctica de *mindfulness* es importante cultivar la confianza, ya que si no confiamos en nuestra capacidad de observar, de estar abiertos y atentos, de reflexionar sobre la experiencia, de crecer, de aprender gracias a la observación y la atención, y de llegar a conocer las cosas en profundidad, difícilmente perseveremos en el desarrollo de nuestras habilidades y, por consiguiente, se atrofiarán o permanecerán latentes.

Parte de la práctica meditativa consiste en cultivar un corazón lleno de confianza. Empecemos investigando en qué podemos confiar de nosotros mismos. Si no sabemos de una forma inmediata qué hay en nosotros que sea digno de confianza, quizá necesitemos mirar con un poco de profundidad, permanecer en la quietud y simplemente conectar con nuestro ser.

Para confiar necesitamos observar las decisiones que tomamos y las consecuencias que generan. Aprender, volver sobre nuestros pasos y elegir de nuevo.

Podemos empezar confiando en el momento presente, aceptando lo que sentimos o pensamos, porque es con lo que contamos ahora. Llevar adelante la práctica meditativa hace que experimentemos una y otra vez, que vayamos más hondo en nosotros, y de esta práctica puede que emerja una sensación en lo más profundo de nosotros, una voz que nos recuerde que hay allí dentro un núcleo sano y digno de confianza, y tomemos consciencia de nuestras intuiciones, sabiendo que son dignas de nuestra confianza.

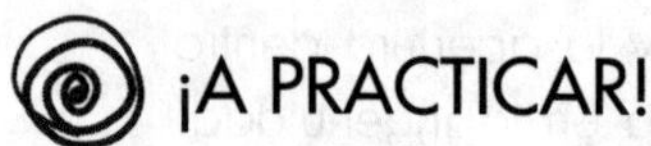

¡A PRACTICAR!

Pensamiento semilla de confianza: Escriba una frase o pensamiento positivo que le dé fuerza y confianza a la hora de enfrentar cualquier reto o desafío.

....

....

....

....

....

....

Vuelva a escribirlo dos veces más, pero en diferentes colores y con dibujos que lo resalten, flores, corazones, íconos que le gusten.

....

....

....

....

....

....

....

....

....

Repítalo en voz alta tres veces al día, siete veces cada vez, con una música de fondo que lo inspire. La idea es ir cambiando la configuración de su mapa mental, desde su cuerpo, su emoción y su pensamiento.

VULNERABILIDAD

"Ser lo bastante fuertes como para mostrarnos débiles".

JON KABAT-ZINN

"Lo difícil de la vulnerabilidad es que es lo primero que busco en usted y lo último que estoy dispuesto a mostrarle. En usted, es coraje y osadía. En mí, es debilidad".

BRENÉ BROWN

La vulnerabilidad es la cualidad que permite sentir, emocionarse y conmoverse. Es la actitud que nos posibilita sentirnos afectados por lo que acontece. Si no nos atrevemos a sentirnos vulnerables, pondremos barreras para evitar lo que nos inspira y nos emociona. Mantendremos distancia emocional que nos hará inaccesibles. Actuaremos como personas frías, autosuficientes y poco sensibles a los otros. Nos veremos fuertes, pero no empáticos. Pareceremos competentes, pero lejanos. Puede dar lugar a un gran aislamiento y a una fuente de dolor para usted y para los demás. Habrá personas que favorecerán que usted se muestre sin fisuras, sin dudas ni inseguridades, como un peñón sin sentimientos. Es habitual que algunos roles de poder nos faciliten tomar y mantener una posición de fuerza sin fallas.

El hecho de pensar que, gracias a la práctica de la meditación, nos estamos haciendo más fuertes puede dar lugar a un dilema similar.

Podemos empezar a creernos y a interpretar el papel del meditador perfecto e invulnerable que lo tiene todo bajo control y es lo suficientemente sabio como para afrontarlo todo sin quedarse atrapado en emociones reactivas. A lo largo de este proceso, puede que, hábilmente, detengamos nuestro propio desarrollo sin siquiera saberlo. Desconectarnos de nuestra vida emocional obstaculiza nuestra sensibilidad y nuestro aprendizaje. Nos creemos invulnerables, completos, sabios y dejamos de aprender. Ese es el obstáculo más grande para nuestra evolución y desarrollo.

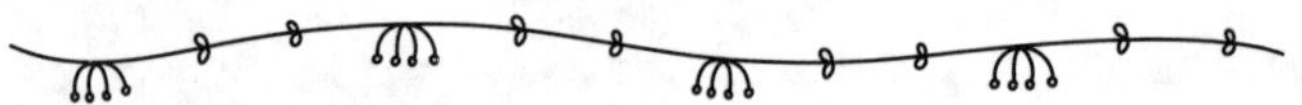

Un indicador evidente de estancamiento en su práctica meditativa es observar si empieza a autopromocionarse y a alimentar su ego como meditador, o intenta tapar u ocultar una pena profunda o algún tipo de miedo.

En estos momentos difíciles es mejor adoptar una táctica totalmente distinta y llevar la atención hacia donde más teme mirar. Esto puede hacerlo permitiéndose sentir, o incluso llorar; permitiéndose entrar en contacto con los sentimientos y mostrarlos de forma adecuada a las circunstancias. En lo que parece debilidad es donde reside realmente la fortaleza y la sanación.

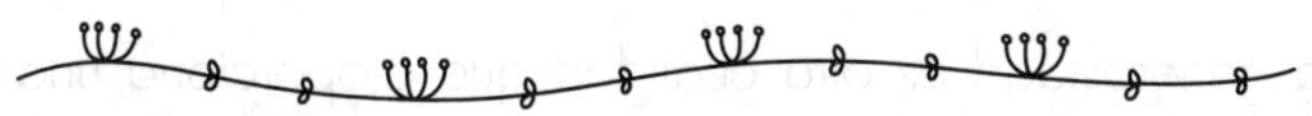

¡A PRACTICAR!

Cambio de máscara: Habitualmente usamos una máscara de fuertes para atravesar algunas situaciones que merecen esa forma, para lograr lo que necesitamos. Solo que a veces la "máscara de fuertes" se nos queda pegada más allá de lo necesario. Entonces, se desdibujan nuestras ternura, dulzura, calidez y comprensión. Y así, a veces, tensamos las relaciones afectivas que habitamos.

¡Por eso le propongo manos a la obra! ¡A cambiar de máscara! Haga un antifaz o máscara de cartón o cualquier material que facilite la tarea, creando una figura que represente su vulnerabilidad, su ser emocional, el ser dulce y cariñoso que lleva dentro. Imagine y manifieste creativamente el rostro expresivo de la vulnerabilidad, muestre quién es cuando está tierno, necesitado de afecto o de ayuda.

Este juego lo va a conectar con una parte íntima que muy a menudo oculta. Esta parte es la que suele hacer que las personas nos quieran y nos elijan más allá de nuestros errores y defectos.

GENEROSIDAD

"La verdadera generosidad para con el futuro consiste en entregarlo todo al presente".

ALBERT CAMUS

La generosidad es otra cualidad que proporciona una base sólida para la práctica de la atención plena. Podemos experimentar utilizando el cultivo de la generosidad como vehículo para la autoobservación y para la investigación profundas, y también como ejercicio relacionado con dar. Un buen lugar por el que empezar es usted mismo. Vea si es capaz de hacerse regalos que puedan ser auténticas bendiciones, como la autoaceptación o un poco de tiempo todos los días sin nada que hacer. Practique el hecho de sentirse merecedor de tales regalos y de aceptarlos sin compromiso alguno, para simplemente recibirlos de usted mismo y del universo.

Entre en lo profundo y tome contacto con un núcleo de usted mismo que es infinitamente rico en todos los aspectos. Celebre esta riqueza y compártala con usted mismo primero y con su entorno después.

No solo compartir los bienes materiales, sino compartir la plenitud de su ser, la mejor parte de usted, su entusiasmo, su vitalidad, su espíritu, su confianza, su apertura y, sobre todo, su presencia. Compártala con usted mismo, con su familia, con su mundo.

INTENTE NOTAR LA RESISTENCIA AL IMPULSO DE DAR, LAS PREOCUPACIONES QUE SURGEN RESPECTO AL FUTURO, LA sensación de que quizá esté dando demasiado o el pensamiento de que ese gesto no será lo suficientemente valorado, de que no sacará ningún beneficio o de que no tiene suficiente para sí.

Dar sin atención plena nunca es sano ni generoso. Es importante comprender los motivos por los que damos y saber qué formas de dar no constituyen una muestra de generosidad, sino, más bien, de miedo y falta de confianza. La generosidad es dar internamente, en un estado emocional, una voluntad de compartir su propio ser con el mundo.

Tome la iniciativa a la hora de dar. No espere a que alguien se lo pida. Observe qué ocurre, especialmente qué le ocurre a usted. Puede que descubra que obtiene una mayor claridad acerca de sí mismo y de sus relaciones, y que su energía incrementa en lugar de menguar. Tal es el poder de la generosidad desinteresada y basada en la atención plena.

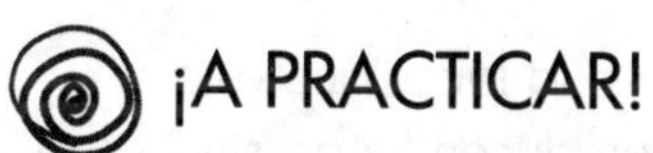

¡A PRACTICAR!

¡Lo que doy al mundo!

Planifique tres cosas que pueda dar en este mes. Puede ser algo material, físico o algo de otra cualidad. Puede donar su tiempo, su conocimiento, puede dar aliento a alguien, ir a cuidar algún enfermo, hacer un llamado postergado o simplemente hacer una visita compartiendo algo rico. Todos tenemos ropa en el placar que ya no usamos, libros leídos y objetos en desuso.

Tres acciones este mes, que muestren ante sus ojos lo generoso que es. Son tres actos para usted mismo. Para que reconozca la generosidad de su alma.

Dicen por ahí que nadie es tan pobre como para no poder regalar aunque sea una sonrisa.

....

....

....

....

....

8 CONCENTRACIÓN

"Todo lo que somos es el resultado
de lo que habíamos pensado".

BUDA

"Concentre todo su pensamiento en la labor que está realizando. Los rayos del sol no producen fuego sino cuando han sido concentrados en un foco".

ALEXANDER GRAHAM BELL

Este es uno de los elementos clave en la atención plena. La concentración puede practicarse junto con la atención plena o por separado. Podemos definir a la concentración como la capacidad de la mente de mantener la atención estable en un objeto. Se desarrolla prestando

atención a una cosa única, como la respiración, es decir, atendiendo solo a ese objeto.

Una forma de cultivar la concentración y de hacerla más profunda es prestando atención a la respiración y volviendo a ella, una y otra vez, cada vez que la atención vagabundea.

Cuando practicamos formas estrictamente concentrativas de meditación, nos abstenemos deliberadamente de realizar cualquier esfuerzo de investigar hacia dónde va nuestra mente y nos enfocamos en volver, una y otra vez, a la experiencia. Si nos concentramos en la respiración, estaremos atentos a la inspiración, al aire que entra y a la exhalación, cuando soltamos el aire.

Con la práctica intensiva de la concentración, se desarrolla una calma que tiene una cualidad muy estable. Es firme, profunda y difícil de alterar, ocurra lo que ocurra.

La estabilidad y la calma que surgen con la práctica de concentración en un solo punto constituyen la base para el cultivo de la atención plena.

Solo podemos investigar o estudiar algo en profundidad si somos capaces de mirar en forma estable, sin dejarnos confundir por la agitación y las distracciones de nuestra mente.

¡A PRACTICAR!

1. Foco y luz: Esta es una actividad aparentemente sencilla. Su objetivo es colaborar con el desarrollo de la concentración de nuestra mente fijándola en un punto.

Elija un lugar calmo de su hogar, donde no lo moleste el ruido o el movimiento de su casa. Encienda una vela. Durante cinco minutos fije su atención en la luz de la vela y en su respiración.

Si asoman pensamientos de boicot, vuelva a la respiración abdominal, cierre los ojos un instante y luego fije la atención en la luz de la vela.

En esos minutos es esa luz, es ese fuego. No hay nada más que el fuego de la vela.

Repita este ejercicio cuando sienta que su mente está dispersa.

2. Solo escuche: La escucha permite mejorar notablemente la comunicación, el conocimiento de nuestro interlocutor y el propio. Nos alerta sobre lo que nos interesa registrar y sobre lo que evitamos escuchar. Además, cuando las personas se sienten escuchadas activamente, aumentan la confianza en las relaciones interpersonales, pues sentirse escuchado es sentirse validado.

En la próxima conversación que tenga con un amigo, familiar o conocido, elija escuchar por un rato, solo escuchar sin hablar ni interrumpir. Respire profundamente cada vez que se sienta impulsado a hablar.

Escuche lo que el otro dice sin juzgarlo. Solo escuche y registre:

- ¿Está opinando?

....

....

- ¿Qué creencias tiene?

....

....

- ¿Se queja, protesta?

....

....

- ¿Fundamenta sus ideas u opina sin saber?

....

....

- ¿Expresa sus deseos o proyectos?

....

....

- ¿Qué emociones le transmite al hablar? ¿En qué estado de ánimo quedó luego de escucharlo?

....

....

- ¿Para qué cree que dijo lo que dijo?

....

....

Más tarde, si le parece útil, vuelva a leer sus observaciones. Notará que, al repetir esta práctica, conocerá a las personas más profundamente y sabrá cómo relacionarse de manera más asertiva.

3. Solo escuche el sonido del agua: Este ejercicio de concentración es auditivo. Invita a generar meditación concentrativa en el sonido que elija. Yo le sugiero el sonido del agua.

Ya sea si tiene una fuente decorativa o armonizadora en su casa, o el sonido del mar , o lluvia cayendo, deténgase tres minutos solo a escuchar el agua.

Además de una práctica de concentración, suele ser un ejercicio nocturno excelente cuando le cuesta relajarse y dormirse.

En las redes sociales hay mucho material que puede colaborar con su práctica.

SIMPLICIDAD

"Las cosas nunca son tan complicadas como parecen. Es solo nuestra arrogancia lo que nos lleva a encontrar respuestas innecesariamente complicadas a problemas simples".

MUHAMMAD YUNUS

Es valioso practicar la simplicidad voluntaria para contrarrestar los impulsos hacia la complejidad, hacia la mente dispersa y múltiple. Esta simplicidad implica poner la intención en hacer una sola cosa a la vez y asegurarnos de que estamos presentes para hacerla. Las oportunidades para hacer esto abundan, por ejemplo, dar un paseo o pasar un tiempo con el perro realmente jugando.

Simplicidad voluntaria significa ir a menos lugares en un solo día en vez de ir a más, hacer menos para poder hacer más, adquirir menos para poder tener más.

Dentro del caos organizado y de la complejidad propios de la vida familiar y laboral, con todas sus exigencias y responsabilidades, frustraciones y regalos incomparables, hay muchísimas oportunidades para optar por la simplicidad, a través de las pequeñas cosas.

Ralentizarlo todo es una parte importante de eso. Por ejemplo, pedir a nuestra mente y a nuestro cuerpo que permanezcan con nuestra hija en lugar de contestar el teléfono, no reaccionar al impulso interno de llamar a alguien a quien tenemos que llamar justo en este momento, tomar la decisión de no comprar cosas en forma compulsiva o, incluso, no responder de forma automática a la seductora llamada de las revistas, de la televisión o de las películas; todas estas son formas de simplificar un poco la vida. Otras, simplemente, pueden consistir en: dedicar una tarde a no hacer nada, o leer un libro, o salir a pasear solos o con uno de nuestros hijos o con nuestra pareja, o reapilar la leña, o mirar la luna, o sentir el aire en nuestras mejillas bajo los árboles, o acostarnos temprano.

Practico el hecho de decir NO para simplificar mi vida y, una y otra vez, descubro que nunca lo hago lo bastante. Requiere una férrea disciplina, pero el resultado merece el esfuerzo.

El compromiso de mantener la simplicidad en medio de un mundo tan complejo es un acto que requiere un delicado equilibrio. Sin embargo, la simplicidad voluntaria me ayuda a ser consciente de aquello que es importante, a tener presente que hay una ecología de mente y cuerpo, y un mundo en que todo está interconectado y toda elección tiene consecuencias de gran alcance. No podemos controlarlo todo. Pero el hecho de elegir la simplicidad siempre que sea posible incorpora a la vida el ingrediente de la libertad profunda, algo que nos resulta extrema-

damente esquivo, así como un sinfín de oportunidades para descubrir que menos puede ser más.

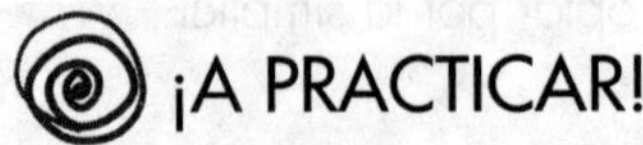

¡A PRACTICAR!

Dígalo simple: Antes de decir algo, reflexione sobre la forma más simple y sencilla de expresarlo.

Escriba un párrafo y debajo redúzcalo a una oración simple, directa y clara.

....

....

....

....

....

....

....

....

....

Sintetizar, hacer sencillo, es una hermosa práctica de simplicidad que nos saca del enrosque y la rumia en la que a veces ingresamos.

Cuando vaya a escribir un e-mail, un WhatsApp, un documento de cualquier estilo, o a sostener una conversación, piense previamente cómo expresar su idea en forma sencilla, simple, directa y clara. Luego, tome en cuenta los efectos positivos que genera esta práctica.

Cuarta parte

LAS TRES CLAVES PARA EL BIENESTAR DESDE *MINDFULNESS*

La clave del bienestar es acostumbrarse a estar plenamente presente en el momento tal cual es. Cuanto más capaces seamos de estar en el momento presente, menos poder tendrá el hábito arraigado de "*perdernos en los propios pensamientos*" para distraernos.

Es decir, desarrollar la presencia y estar comprometidos, ciento por ciento, con lo que nos acontece aquí y ahora es clave para aumentar nuestro bienestar.

Desde esta mirada, es importante trabajar tres aspectos de nuestras tendencias conductuales y predisposiciones mentales, que, con el tiempo de práctica, mejorarán nuestra calidad de vida y nuestra sensación de paz.

LAS TRES CLAVES PARA EL BIENESTAR

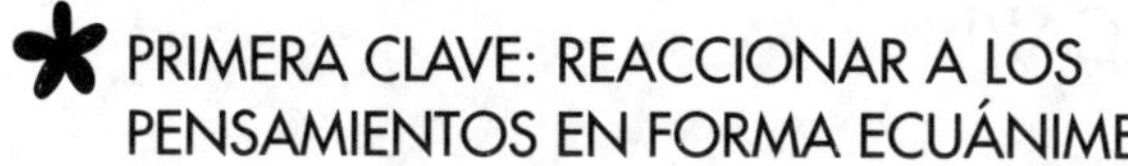

PRIMERA CLAVE: REACCIONAR A LOS PENSAMIENTOS EN FORMA ECUÁNIME

Mientras realizamos nuestras tareas del día, reaccionamos perpetuamente a nuestros pensamientos. Si algo nos gusta, queremos conservarlo o prolongarlo. Si pensamos en algo que no nos gusta, nos preocupamos por evitarlo o deshacernos de ello.

Casi todos los pensamientos que nos vienen a la mente reciben una atención especial, con una reacción hecha a medida para ellos. Por el contrario, en la práctica de la meditación, aprendemos a reaccionar siempre de la misma manera ante cada pensamiento; en lugar de pensar en ello y poner en marcha una cadena de pensamientos que podrían ir en muchas direcciones diferentes, mantenemos nuestra atención en el momento presente. Al principio, necesitamos meditar para acostumbrarnos a estar plenamente presentes. Pero, con el tiempo, seremos capaces de mantener la mente centrada, anclada en el presente, en cualquier situación en la que nos encontremos.

Actividades para mejorar la ecuanimidad y la atención plena

Los ejercicios propuestos tienen por objetivo enfocar la mente, evitando que salte caóticamente de un pensamiento a otro, de una emoción a otra, de una situación a otra sin sentido. La concentración y el foco son esenciales para mejorar nuestra percepción de bienestar.

- Subir las escaleras con atención plena.

- Ducharse conscientemente.

- Comer en forma consciente.

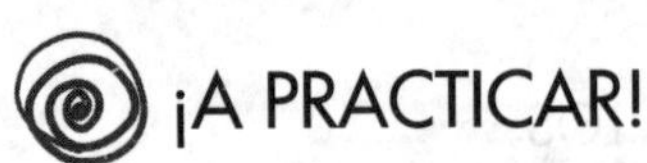

¡A PRACTICAR!

Este ejercicio puede ser hecho subiendo y bajando escaleras, o eligiendo cualquier actividad cotidiana que usted realiza con cierta celeridad.

- Ponga nombre a la actividad.

....

....

- Hágala como la realiza habitualmente.

- Vuelva a esta página y anote qué sintió al efectuarla como parte de un ejercicio sugerido.

....

....

....

....

- Ahora repita la actividad haciéndola lentamente, siendo consciente de lo que está haciendo y estando pendiente de su respiración al mismo tiempo. Lento bien lento, solo observando su accionar.

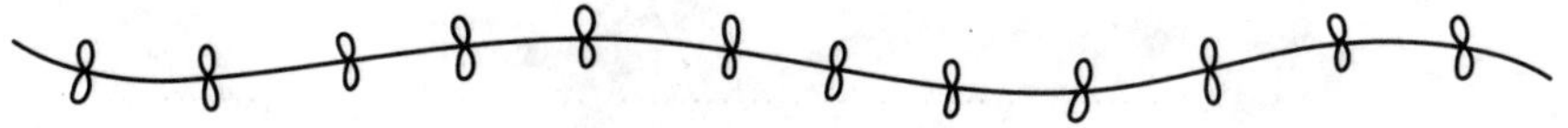

- ¿Qué diferencia sintió al cambiar el ritmo?
- ¿Qué pensamientos surgieron?
- ¿Hubo crítica interna?
- ¿Le despertó curiosidad?
- ¿Hubo algún cambio en el ritmo respiratorio?
- ¿De qué se dio cuenta?

Cuando esté en casa, intente aprovechar situaciones comunes como invitaciones para practicar la atención plena. Ir a la puerta de calle, atender el teléfono, lavar los platos, ordenar documentos, todas estas oportunidades son excelentes para bajar el ritmo y estar más en contacto con cada instante presente.

Pregúntese y escriba aquí:

- ¿Por qué el tiempo de respuesta tiene que ser tan breve?

....

....

....

- ¿Por qué permitir que los emergentes interrumpan tan fácilmente lo que está haciendo?

....

....

....

- ¿Podría ser de otra manera?

....

....

....

- ¿Pueden ser las transiciones entre actividades más suaves y serenas?

....

....

....

Intente también estar presente cuando hace cosas como ducharse o comer.

CUÁNDO ESTÁ EN LA DUCHA, ¿ESTÁ REALMENTE EN LA DUCHA? ¿SIENTE EL AGUA SOBRE SU PIEL O ESTÁ EN OTRO LUGAR, EXTRAVIADO EN SUS PENSAMIENTOS, PERDIÉNDOSE LA DUCHA POR COMPLETO?

Esta vez decida ducharse a consciencia, armonice el baño con aromas, velas o música suave, sienta el agua caer y recorrer su humanidad. Sienta la temperatura, y comience a bañarse empezando de otra forma, si siempre lava primero su cabeza, entonces inicie por los pies, salga de sus automatismos.

Sienta a consciencia la fragancia del jabón, de sus sales aromáticas. Escuche el sonido del agua. Haga de este ducharse un ritual, un regalo para su conexión y relajación.

Ahora anote:

- ¿Qué sucedió al estar plenamente atento a lo que hacía?

....

....

....

- ¿Cómo fue la experiencia de ducharse de esta forma?

....

....

....

- ¿Qué es lo que más disfrutó?

....

....

- ¿Cómo resultó cambiar la rutina automática y hacerla estando presente?

....

....

Comer constituye otra magnífica oportunidad para practicar la atención plena.

Elija un alimento que desee, por ejemplo, un trocito de chocolate amargo. Cómalo muy despacio, en pequeños trozos, reténgalo en el paladar, saboree, provoque a sus papilas gustativas, dedique tiempo a esta situación, no trague hasta que se derrita en su boca. Despierte sus sentidos.

El gusto, el olfato y el tacto estarán iluminados.

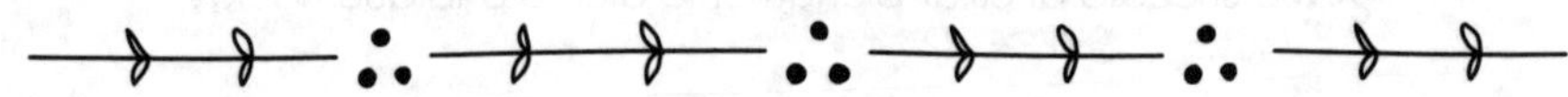

Reflexione a partir de las siguientes preguntas:

- ¿Está saboreando lo que come?

- ¿Qué imágenes evoca esta forma consciente de saborear?

- ¿La conexión sensorial fue con los ojos abiertos o cerrados?

- ¿La comida lo dejó más o menos satisfecho?

- ¿Comió la misma cantidad que cuando lo hace en forma automática?

INVITACIÓN CONSCIENTE

La autoobservación es la principal fuente de autoconocimiento.

Detenerse y observar sin juzgarnos. Cómo hablamos, qué opinamos, cuándo intervenimos en una conversación, cuándo callamos. En cualquier actividad cotidiana podemos tomar contacto con nuestras tendencias de conducta, con nuestra manera de mirar la realidad.

Y si nos atrevemos a ir más profundo, podemos preguntarnos qué creencias están en la base de estas conductas habituales.

¡A PRACTICAR!

Invite a un amigo o conocido a cenar o merendar a su casa. Obsérvese desde la invitación y la llegada de su amigo hasta su partida. Anote lo que le sucedió con esta visita consciente:

- ¿Qué ropa eligió? ¿Fue una celebración o un encuentro cualquiera?

....

....

....

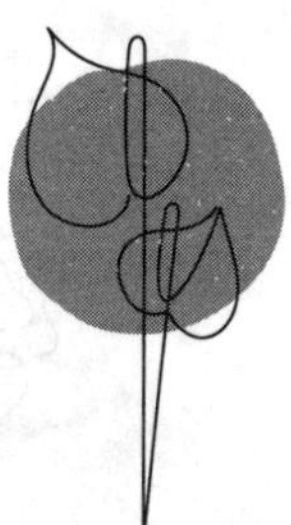

- ¿Hay algún ritual del que tomó cuenta? ¿Un perfume para ocasiones especiales, sus mejores zapatos?

....

....

....

- ¿Eligió algo especial para compartir, un vino, algo dulce, una comida elaborada?

....

....

....

- ¿Lo preparó o lo adquirió en un comercio?

....

....

....

- Al llegar su amigo, ¿usted se alegró o se puso ansioso? ¿Tiene alguna conducta anticipatoria o expectativa? ¿Esa conducta o expectativa le juega a favor de disfrutar o le complica el disfrute?

....

....

....

- ¿Permitió que lo ayudase o tiende a hacer todo usted?

....

....

....

- ¿Participa activamente de la conversación o se queda al margen?

....

....

....

Todas estas observaciones hablan de su manera de estar en las relaciones.

Tomar cuenta de ello es el primer paso para aceptar y para cambiar algo, si así lo quiere.

Pruébelo. ¡Se va a sorprender!

LAS ESFERAS DE LA MENTE

Siéntese cómodamente con la columna derecha y el cuerpo relajado. Durante algunos minutos deje que su atención siga la respiración.

Con los ojos cerrados o ligeramente abiertos, alargue mentalmente la mano ante usted e imagine que toma una bola y la sostiene en la palma de la mano. Acerque hacia usted esa bola imaginaria y añada una sensación de nitidez a su forma y tamaño. Imagine ahora que se transforma instantáneamente en una esfera de brillante luz blanca, tridimensional, transparente, luminosa y carente de solidez. Imagine que esta esfera irradia una sensación de silenciosa calma y bienestar. Dirija allí la atención, sin esfuerzo. Cuando se distraiga, vuelva a visualizar la brillante esfera en el centro del pecho.

Si siente tensión en el pecho al usar esta imagen o si su mente está demasiado inquieta para concentrarse, intente la siguiente variación: visualice la imagen de una esfera luminosa brillando en el centro del pecho. Ahora, al margen de la dirección hacia la que esté mirando, oriéntese mentalmente como si mirara al este. Imagine que esta esfera sale disparada hacia arriba, frente a usted y que asciende más allá del horizonte oriental hasta llegar a un lugar situado a cientos, miles, incluso millones de kilómetros de distancia. Su mente descansa en esa esfera en el lejano espacio. Experimente la libertad de la mente al expandirse y extenderse cada vez más lejos e ilimitadamente.

Si su mente empieza a perder interés o a dejarse arrastrar por pensamientos, vuelva a establecer la imagen de la brillante esfera en su pecho. Dirija esta vez la atención hacia el oeste, que está detrás de usted, e imagine vívidamente que envía la esfera hacia esa dirección y a una distancia infinita. Deje que la mente descanse en ese lugar. De nuevo, cuando vuelva a distraerse, restablezca la imagen en su corazón.

Con el siguiente ciclo, envíe la mente-esfera hacia la dirección sur, a su derecha. Imagine que la esfera se mantiene inmóvil en el aire e irradia luz hacia su derecha, a una distancia de miles de kilómetros. Deje que la mente descanse allí, sin distraerse, pero sintiéndose a gusto. Como antes, cuando la atención se distraiga, cambie de nuevo para concentrarse, esta vez, en una esfera de ley en el espacio del horizonte norte, a su izquierda. En cada fase de esta práctica, dedique todo el tiempo que le plazca para la visualización.

Por último, expanda la mente para abarcar todas las esferas que ha enviado hacia todas las direcciones, junto con la original que reside en su corazón. Con lucidez, pero sin esfuerzo, deje que la mente descanse en la experiencia de expandirse simultáneamente hacia todas esas direcciones.

El propósito de este método es doble: el primero, estabilizar, reunir y concentrar la mente en lo que está haciendo; y el segundo, introducirse en la naturaleza abierta, luminosa y libre de la mente.

Intente ejercitar con frecuencia estos extraordinarios músculos mentales a lo largo del día.

MANTENIÉNDOSE EN LA POSIBILIDAD

¡A PRACTICAR!

Al empezar esta meditación reflexiva, proyéctese mentalmente en el futuro, cinco años después. Imagínese cómo le gustaría ser en cinco años, habiendo realizado las cosas que le gustaría realizar, habiendo aprendido lo que le gustaría aprender y habiendo hecho las contribuciones que le gustaría hacer.

Visualícese con nitidez, en colores, con alegría. ¡Ya está ahí! Ha logrado lo que se había propuesto, lo que había soñado.

Ahora responda:

¿Cuáles son las cualidades que ha desarrollado en usted mismo?

....

....

....

¿Cuáles son las lecciones o mejoras más importantes en su persona que ha aprendido?

....

....

....

¿Cuáles son los aportes o contribuciones de los que se siente más feliz de haber hecho?

....

....

....

Para desarrollar estas contribuciones, ¿qué virtudes ha reconocido en usted?

....

....

....

Para hacer estos aportes, ¿qué virtudes ha aprendido a reconocer en otras personas?

....

....

....

¿Quién o qué ha sido la fuente más importante de inspiración y apoyo para usted?

....

....

....

¿Qué le ha proporcionado la confianza y la motivación para avanzar en los momentos en que se sentía estancado?

....

....

....

Ahora, manteniéndose en el momento presente, considere qué es lo que puede hacer en este mismo instante para empezar a alcanzar esas cosas y hacer esas contribuciones.

Si se siente a gusto con la idea, comprométase a tomarse en serio esta visión y a hacerla realidad.

Le puede ayudar mucho dibujar este futuro deseado, hacer un *collage*, pintar, pegar una foto suya que represente cómo quiere vivir su futuro.

¡Anímese a sembrar la semilla de su futuro deseado!

MEDITACIÓN REFLEXIVA: PASOS PARA LA PRÁCTICA

La meditación reflexiva o analítica es una práctica que nos permite trabajar en el espacio meditativo y, mediante la atención plena, un tema de nuestro interés que nos preocupa de alguna manera. El objetivo es que nuestra mente relajada y quieta nos dé elementos para encontrar nuevas respuestas a nuestras preguntas.

¡A PRACTICAR!

1. Seleccione un tema o pregunta y reflexione en ellos con profundidad y entusiasmo.

2. Cuando la atención se distraiga, vigile qué lo ha distraído y vuelva a concentrarte en el tema o pregunta elegidos. Cuando la claridad de la atención desaparezca, vuelva al tema en forma disciplinada. Enfoque su atención en el tema con mente clara.

3. Cuando llegue a una percepción o a un sentimiento de "¡ajá!", deje que la mente descanse simplemente en este estado de apertura y percepción sin analizar nada. Mantenga una concentración constante y clara en la percepción y penetre suavemente en ella con más profundidad para que le revele niveles incluso más profundos de la naturaleza y la realidad del tema sobre el que está meditando.

4. Cuando los pensamientos y las asociaciones se empiecen a reunir de nuevo en la mente, concluya la sesión llevándose con usted su elevada percepción, o entre en otro ciclo de contemplación reflexiva.

5. Si lo desea, concluya la meditación consolidando sus percepciones por el procedimiento de escribirlas, cree un poema o una afirmación, garabatee el símbolo adecuado, componga una danza o interprete una canción que capte el espíritu de la percepción o revelación que ha recibido.

6. Recuerde que la mente profunda seguirá buscando inspiraciones y respuestas para sus preguntas y oraciones, incluso después de concluir el tiempo formal de reflexión. Conserve su atención y apertura a lo que fluya, a lo que venga a su mente sin motivo aparente. Incluso

puede recibir en momentos tranquilos posteriores, ideas, imágenes, signos o sueños durante la noche.

7. Es aconsejable tener a mano una libreta para tomar anotaciones en sus meditaciones reflexivas.

SEIS FORMAS DE CONOCER: UN REMEDIO PARA LA RIGIDEZ MENTAL

Este ejercicio que le propongo es muy bueno para flexibilizar actitudes que repetimos y a las que estamos aferrados. Modificar estas actitudes rígidas nos permitirá tomar decisiones más convenientes según las situaciones cambiantes que nos toca vivir.

Cuando nos endurecemos o rigidizamos, usamos el mismo martillo para los distintos clavos y tornillos que debemos colocar. Por eso, no funciona ni funcionará la misma respuesta para distintas preguntas.

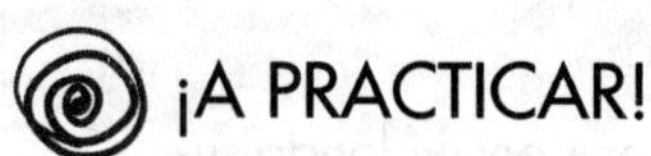

La propuesta es observar profundamente una situación elegida que suponga un reto, y sacar al menos seis niveles de interpretación o explicación.

Quizá sea un desafío que se ha planteado en el trabajo o en una de sus relaciones, o algo que tiene que ver con la conducta o acciones de otra persona, o quizá sea la razón por la que algo ocurrió o no ocurrió en su vida.

Reflexione profundamente sobre la situación y saque al menos seis distintas explicaciones verosímiles acerca de ella. Cuando tenga clara cada una de las versiones, asigne una probabilidad que refleje cuál es la mejor explicación.

Escriba las seis explicaciones posibles y luego enumérelas en orden de probabilidad, siendo la primera (1.ª) la que cree más probable y así sucesivamente hasta la sexta.

....

....

....

....

....

....

....

....

....

Cuando haya clasificado cada una, retroceda mentalmente y medite sobre los significados que ha elaborado su mente y la relatividad de cada conclusión, interpretación, suposición y creencia que haya concebido.

Aprecie el poder de un razonamiento tan riguroso y la sabiduría que se encuentra en la incerteza.

Al principio quizá este ejercicio le cueste mucho, lo cual puede significar que padece un serio caso de "psicoesclerosis": endurecimiento de las actitudes. Sin embargo, con la práctica, su forma de pensar se volverá más flexible y su mente se abrirá para reconocer más posibilidades, y esta clase de investigación reflexiva le resultará más fácil y divertida.

LA MEDITACIÓN DE LAS PIEDRECITAS

Esta maravillosa práctica para principiantes de la meditación y para introducir a los niños en la atención plena fue creada por Thích Nhất Hạnh.

En esta meditación el primer paso es salir a dar un paseo y recoger diez piedrecitas.

¡A PRACTICAR!

Busque las que le parezcan especialmente lindas, las que le "hablen" o por las que sienta especial conexión. Si es posible, busque o haga una bolsita para guardarlas cuando no las esté usando para meditar.

Para hacer esta práctica, empiece sentándose, vacíe luego la bolsa de las piedrecitas y póngalas a su derecha. Al empezar la meditación de las piedras, siga el fluir de su respiración y sea consciente de las inspiraciones y exhalaciones. Al inspirar, tome una piedra con plena atención y sosténgala en la mano derecha. Al exhalar conscientemente, pase la piedra de la mano derecha a la mano izquierda con plena atención y déjela en el suelo, a su izquierda. En la siguiente inspiración, vuelva a tomar una piedrita con la mano derecha y repita lo de antes, respirando conscientemente, y pasando las piedritas de derecha a izquierda.

Cuando haya trasladado conscientemente las diez piedras de la derecha a la izquierda, disfrute por haber acabado de realizar el milagro de ser consciente. Después, si tiene tiempo, haga diez respiraciones con atención plena, y ¡felicítese!

Felicite también a los niños que lo hicieron con usted si pudieron compartir esta práctica.

Reflexione sobre lo que ha aprendido: hacer que la mente y el cuerpo se unan mediante la meditación consciente, y genere el sincero deseo de mantener esta presencia plena y atenta en otras actividades de la vida cotidiana.

Después tome las piedrecitas, guárdelas en la bolsa, una a una, y deles las gracias por colaborar con su aprendizaje en concentración y consciencia.

Si le cuesta mantener la atención al pasar las piedras de un lado a otro, puede introducir una variante con la palabra, diciendo algo que elija en cada oportunidad, como "tomando", "dejando", "ahora". Si lo prefiere, diga frases que le gusten y ayuden a sincronizar la actividad del cuerpo, la palabra y la mente al mismo tiempo.

¡Es realmente un milagro!

MEDITACIÓN SOBRE LOS CINCO ELEMENTOS

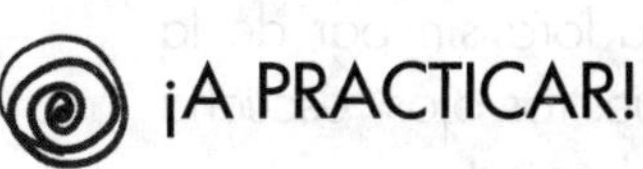

¡A PRACTICAR!

Empiece esta meditación relajándose durante algunos minutos y siendo consciente de la respiración. Dirija ahora la atención al elemento **tierra** en su cuerpo, ese aspecto de su existencia denso y sólido. Sienta la solidez de su cuerpo, su peso y forma. Mientras respira, sienta y medite en el elemento tierra experimentando como forma, densidad, masa y peso.

Ahora fíjese en el elemento **agua**, ese aspecto de su persona y cuerpo fluido y cohesivo. Sienta o imagine esta fluidez dinámica como sangre, linfa y otras aguas de la vida que fluyen en su cuerpo. Sienta e imagine que fluye a través del mundo en el que vive.

El elemento **fuego** se asocia con la calidez, la luz y el calor de su cuerpo y del mundo. Sienta el calor interior, la calidez vital que se disipa cuando llega la muerte. Experimente cómo el elemento fuego se hace evidente al irradiar calor y luz hacia todos los seres vivos y el mundo que lo rodea.

El elemento **aire** se relaciona con los espacios de las cavidades interiores, el movimiento y el fluir de la respiración. Esta función dinámica lo conecta al mundo. También se relaciona con el movimiento de las energías sutiles a lo largo del cuerpo, que a veces se ilustra en los gráficos de la acupuntura.

Medite sobre la omnipresencia de este elemento aire-viento dentro y alrededor de usted.

La facultad de ser consciente o conocedor se relaciona, a menudo, con el elemento **éter**.

Este no es un elemento físico de la naturaleza, tiene muchos nombres: "consciencia", "mente", "espíritu", "eso que no muere". Es la fuerza animadora sin par de la vida, la esencia vital que ve con nuestros ojos, escucha con nuestros oídos y está siempre despierta en el corazón de los seres vivos.

La contemplación de los cinco elementos se utiliza en muchas tradiciones como un medio para permitir a los individuos alinearse con los elementos internos y externos de la vida.

La siguiente serie de respiraciones purificadoras de los cinco elementos la recibimos de los linajes de las enseñanzas sufís. Es una práctica para empezar el día centrado y sereno, y solo ocupa el tiempo que implica hacer **veinticinco respiraciones**. Puede utilizarla como práctica de meditación breve y sencilla o como ejercicio concentrativo de calentamiento que centra la mente para otra práctica de meditación o antes de ponerse a trabajar o proyectar.

Si es posible, le recomiendo practicarla al amanecer, mientras contempla la salida del sol. En ese momento particular del día, el mundo se carga de energía y potencial, y esta vitalidad se refleja en su cuerpo, corazón y alma. Si se siente inclinado a hacer esta meditación en otro momento, también recibirá sus frutos.

¡A PRACTICAR!

En primer lugar, con una serie de cinco respiraciones, purifíquese con la energía y el magnetismo del elemento **tierra**, inspirando y exhalando de manera natural **por las fosas nasales**. Al inspirar, imagine que atrae la energía y el magnetismo de la tierra a su interior. Circulan por sus sistemas energéticos y reabastecen y renuevan el magnetismo de su cuerpo. Al exhalar, imagine que el campo magnético de la tierra atrae todos los elementos o energías densos y burdos de su interior, y los purifica y libera. Con cada respiración se siente revitalizado, más tranquilo, menos denso, y percibe con más claridad el libre fluir de la respiración, la vida y la energía.

Después, con la segunda serie de cinco respiraciones, imagine que se purifica con la energía del **agua**. **Inspirando por la nariz y exhalando por la boca**, imagine una cascada de energía cristalina y pura que se precipita desde los cielos y fluye a través de usted disolviendo y purificando cualquier cosa de su interior que obstruya la corriente de energía vital que circula por su cuerpo. Con cada respiración, visualice que se limpia totalmente y clarifica mientras esta corriente de energía y luz fluye a través de usted.

Con la siguiente serie de cinco respiraciones, purifíquese con el elemento **fuego**. **Inspirando por la boca y exhalando por las fosas nasales**. Deje que la respiración se centre en el plexo solar (red nerviosa que se halla en el abdomen, zona ombligo, estómago, hígado, páncreas, bazo) mientras inspira para elevarse después e irradiar luz desde el centro del corazón, brillando entre los omóplatos, y brotando como una fuente de luz por la coronilla. Inspirando fuego y exhalando luz, imagine que esta corriente de energía es un fuego purificador que reúne cualquier impureza o congestión que haya quedado en usted y las consume en luminosidad en las llamas de su corazón.

Con el siguiente ciclo de respiraciones, imagine que se purifica con el elemento **aire**. **Inspirando y exhalando por la boca**. Imagine que el elemento aire circula dentro de usted como un viento soplando por los espacios de su cuerpo, y lo purifica de cualquier sensación de densidad u obstrucción que puede haber quedado en él.

Y finalmente, con la última serie de cinco respiraciones, **inspire y exhale con mucha suavidad por las fosas nasales** e imagine que se purifica con el elemento más sutil, el "éter" o la energía más sutil que los antiguos relacionan con el espacio, o el campo infinito de posibilidades.

Deje que este aire, el más sutil de todos, disuelva cualquier sensación de densidad o peso que haya quedado en usted, y que su corazón y mente se abran para ser tan claros e inmensos como el cielo infinito.

Ahora, lleno de energía y purificado, perciba el sutil y profundo cambio que ha ocurrido en usted, tras haber realizado solo veinticinco respiraciones. Lleve la sensación de calma y conexión profunda que le ha infundido esta práctica a su vida cotidiana.

SEGUNDA CLAVE: RELAJAR LAS COMPARACIONES

Trabajar el hábito de reconocer las bendiciones que nos llegan, el hábito de agradecer es una manera de contrarrestar otro hábito muy negativo, que es el de dar lugar a las comparaciones.

El hábito de compararnos con los otros, el de creer que nuestra realidad es inferior a la de otra persona no es positivo, es mirar la escasez en vez de mirar lo que tenemos. Este hábito tan lesivo debe ser contrarrestado con la decisión de la práctica diaria de apreciar lo que tenemos. Con frecuencia estamos comparando nuestras circunstancias con las de otras personas más afortunadas o con una versión idealizada de lo que pensamos que debería ser nuestra vida. Cuando ponemos el foco en lo que nos falta, este hábito da como resultado solo insatisfacción y lo que tengamos nunca parecerá suficiente. El hábito involuntario de evaluar constantemente la experiencia nos distrae de estar simplemente presentes y dificulta que disfrutemos, incluso, de los placeres más básicos de la vida. Pero todavía puede ser peor, estos pensamientos pueden construirse y reforzarse mutuamente, enseguida se convierten en el mayor ladrón del contento del mundo. Todas estas comparaciones, ya sea con circunstancias ajenas o con la idea de cómo nuestra vida debería ser, a menudo, dan como resultado pensamientos de autodenigración, muy dañinos para nuestras autoconfianza y autoestima.

Estas comparaciones son tan fuertes que nos desbordan. Incluso cuando intentamos crear espacio o concentrarnos en la respiración, estos pensamientos boicotean, inundan y complican, por lo tanto, necesitamos relajar la comparación aprendiendo a aceptarnos a nosotros mismos con verrugas y todo. Podemos hacerlo apreciando lo que tenemos a través de la gratitud y de la aceptación, en lugar de autodenigrarnos, podemos abordar nuestros defectos y mejorar nuestras vidas desde la perspectiva de una imagen saludable de nosotros mismos.

¡Cuando empiece a contar bendiciones, su vida entera dará un vuelco positivo!

Podemos aprender a debilitar el hábito de la comparación dándonos cuenta de cuándo surge y reemplazándolo por la apreciación. Por ejemplo, cuando estamos en la playa teniendo un gran día, en lugar de pensar "qué pena que no podamos tener más días como este", podemos apreciar ¡lo maravilloso que es poder estar ahí ahora mismo!

¿Y adivine qué? Esto nos lleva justo al momento presente, al lugar donde reside la felicidad básica. Es importante hacer un balance de nuestra vida y ver dónde podemos progresar. La insatisfacción con nuestras circunstancias es una oportunidad para mejorarla. La misma insatisfacción nos impulsa a tener éxito. La cuestión no es si debemos o no evaluar cómo nos está yendo en la vida; de todos modos, esto lo hacemos la mayor parte del tiempo. La pregunta es cuán habitual es y con qué frecuencia, cuidando de que no termine creando solo emociones negativas, lo que puede llevar a una imagen dañina de nosotros mismos. Pregúntese si quiere reaccionar siempre a las cosas desde el punto de vista de una imagen débil de su persona o desde la perspectiva de un sentido positivo y saludable de sí mismo. ¿Quiere tener éxito y estar estresado? O ¿podría ser que exista una manera de tener éxito y, además, estar relajado?

CREAR UN HÁBITO DIARIO DE GRATITUD

Ya hemos hablado con anterioridad de la gratitud. Sin embargo, no la planteamos como recurso para contrarrestar nuestro hábito a la comparación.

Ahora lo vamos a utilizar para compensar y avanzar sobre el hábito de la comparación y sobre el hábito de la mirada de escasez.

Mejorar un aspecto de su vida es más fácil y fructífero cuando tiene una actitud de gratitud en lugar de cuando está obsesionado con la comparación. No estoy diciendo que todas las comparaciones son malas, el punto clave es que necesitamos relajar el hábito de compararnos constante e inconscientemente. Necesitamos ser capaces de comparar y contrastar o no seremos capaces de funcionar en la vida, por ejemplo, cuando vamos a la verdulería, tenemos que escoger las verduras frescas y descartar las que se están pudriendo.

Pero también tenemos que ser conscientes de la frecuencia con la que comparamos y comprender la forma en que esto puede robarnos nuestra sensación de bienestar. Entonces, la comparación está bien siempre y cuando sea un acto consciente, no como la comparación habitual inconsciente.

¿Cuál es el resultado de evaluar constantemente la calidad de la experiencia? Alejarnos de la experiencia, tomar distancia de la vivencia y, permitir así, que se nos robe la felicidad básica.

En los siguientes ejercicios, tendrá la oportunidad de desarrollar una actitud de gratitud. Cada ejercicio está basado en el anterior, por lo que es bueno repetirlos, hasta que se sienta cómodo con el anterior para pasar al siguiente.

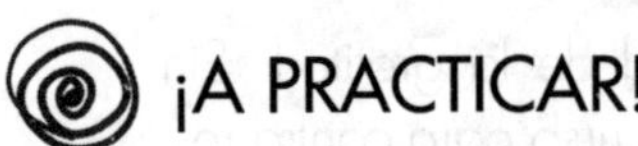

Ser feliz con lo que soy y con lo que tengo

- Practique por la mañana cuando se despierta.

- Haga de cinco a diez minutos el ejercicio de crear el espacio.

- Luego concéntrese en la respiración y, mientras inspira, piense: "Soy feliz con lo que soy".

- Mientras espira, piense: "Estoy contento con lo que tengo".

- Repita este ejercicio de respiración por lo menos veintiuna veces. Después, comience su práctica de meditación.

APRECIAR UNA CUALIDAD O PERTENENCIA

Podemos empezar cada día recordando una razón para apreciar algo de nuestra vida, como una cualidad de nosotros mismos que nos gusta o algo que tenemos que apreciamos. No piense que nada es demasiado insignificante para que pueda apreciarse. Incluso, cosas sencillas, como un rico café, caminar al aire libre son una buena manera de hacer este ejercicio. También es bueno agradecer algo con lo que estemos satisfechos. Podemos elegir un acto de bondad o un momento de comprensión profunda de alguna situación, o bien alguna cualidad que tenemos. Podría ser la manera en que fuimos capaces de encontrar una solución a un problema engorroso o algo tan simple como la forma en que fuimos capaces de hacer sonreír a un desconocido. Así es cómo funciona.

- Justo antes de ir a la cama, piense en una pertenencia o en una cualidad en su vida que aprecie. Escríbala y colóquela donde quiera practicar por la mañana.

- Cuando se despierte, haga de cinco a diez minutos el ejercicio de crear espacio.

- Realice el ejercicio "Feliz con lo que soy y con lo que tengo", veintiuna veces.

- Lea su nota de agradecimiento y cultive un sentimiento de gratitud reflexionando sobre ello.

- Practique la meditación con un objeto durante unos minutos.

APRECIAR LAS CIRCUNSTANCIAS

Esto es exactamente igual que el ejercicio anterior, excepto que elige una circunstancia que realmente aprecia de su vida. Puede apreciar cosas básicas, como el lugar donde vive o el hecho de que tiene suficiente para comer. Tal vez tiene un bar o una cafetería favorita donde le gusta pasar el rato; unas vacaciones que está deseando, o quizás su equipo deportivo ganó un partido importante, realmente puede ser cualquier cosa positiva, hay todo tipo de circunstancias por las que puede estar agradecido, estamos a favor de disfrutar de las cosas buenas que suceden.

La única advertencia es no agradecer comparándonos con quienes les va peor o en relación con pésimas circunstancias. Por ejemplo, "me alegro de no morirme de hambre como la gente desafortunada de ese país devastado por la sequía".

Podemos apreciar que tenemos suficiente comida sin reflexionar sobre la desgracia de otra persona. Estamos tratando de transformar nuestro hábito de compararnos habitualmente con los demás o con una versión idealizada de nosotros mismos.

¡Seamos una fuente potencial de gratitud!

CELEBRAR LA SESIÓN DE MEDITACIÓN

Celebrar la sesión de meditación, el empeño de crear una sesión para meditar, para respirar, para practicar la gratitud, o cualquier otro de los ejercicios que he sugerido en nuestro recorrido, es en sí mismo una razón para celebrar. Puede traer a la mente los beneficios de aprender a estar simplemente presente y tomarse un momento para disfrutar de lo hecho, de que esté dedicando un tiempo para cuidar de su mente y de su espíritu. Justo antes de que esté preparado para terminar su sesión, aprecie y celebre que pudo sacar un poco de tiempo en su horario para practicar y reflexionar sobre las buenas cualidades de sus esfuerzos.

CREAR UN DIARIO PARA LOS AGRADECIMIENTOS

- Cómprese un lindo cuaderno o rescate alguno que tenga sin uso. También puede usar las líneas que están más abajo.

- Escriba sus agradecimientos a medida que sucedan. Lo importante es que se acostumbre a apreciar las circunstancias que vive o lo que fuere que le esté sucediendo en este momento, y anótelo para que tenga registro.

- Al final de cada semana, lea los momentos de gratitud que haya recopilado durante los seis días anteriores y reflexione.

....

....

....

....

....

....

....

....

....

....

....

....

....

✱ TERCERA CLAVE: ESTAR PRESENTE

En la meditación, aprendemos a ver pasar nuestros pensamientos, emociones y sensaciones como en una película, sin apegarnos, sin aferrarnos a ellos. Esto nos permite flexibilizar nuestra mirada de las cosas y abrirnos a nuevas posibilidades que la mente cerrada y rígida evita.

El objetivo de la práctica de la meditación es familiarizarnos con la no-distracción de tal manera que podamos integrar esta presencia mental en cualquier cosa que estemos haciendo. De esta forma, cuando las cosas van bien, podemos dejar de lado la mayoría de nuestras estrategias habituales para tratar de mantener los buenos ratos y, en lugar de eso, simplemente estar presentes y disfrutar. Además, cuando ocurra una complicación, no perderemos por completo nuestra ecuanimidad y no nos deprimiremos, sino que podremos hacer mejor lo que hay que hacer sin sentirnos completamente desbordados por la ansiedad. Cuanto más podamos hacer esto, más felicidad básica surgirá, incluso en las circunstancias difíciles.

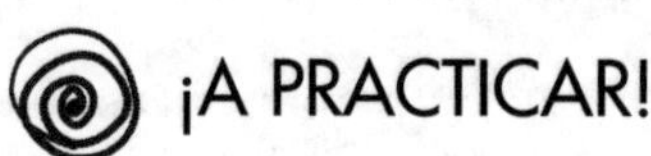

¡A PRACTICAR!

CREAR ESPACIO

- Siéntese cómodamente y cierre los ojos. Imagine que está rodeado de un cielo infinito, perfectamente claro, y el cielo está espacioso, prístino de color azul cielo intenso, que lo envuelve por completo, extendiéndose ininterrumpidamente en todas las direcciones, por arriba, por abajo y hacia todas partes. No hay muros, no hay límites, no hay edificios, no hay nada en absoluto, en ninguna dirección. Continúe descansando su mente en este cielo infinito, haciendo que la experiencia de

sentir el espacio en el ojo de su mente sea tan vivida y vibrante como sea posible.

- Si se pierde pensando en el trabajo, en lo que necesita hacer o en cualquier cosa, eso es normal, simplemente devuelva su atención suavemente a la imaginación del cielo ilimitado, después de haber creado un cielo lo más vivido y claro posible.

- Dedique un tiempo a apreciar el espacio que ha imaginado. Hágalo sintiendo la cualidad espaciosa del cielo, aprecie la belleza del espacio que está imaginando y también cómo de infinitamente vasto, espacioso, inmaculado es el cielo a su alrededor.

- No tiene que extenderse demasiado, simplemente intente sentir, suavemente, qué se siente al estar en la espaciosidad del cielo, permítase sentir la amplitud que impregna todas las cosas en el interior y en el exterior de su cuerpo y de la mente, descanse durante un rato en esta sensación.

- Lentamente abra los ojos y reoriéntese en su entorno.

- ¿Cómo se siente?

- Considere la posibilidad de intentar esto durante al menos 5 minutos al día en la semana siguiente, antes de pasar a otro ejercicio.

- Cuando empiece a aprender a estar completamente presente y a no distraerse, puede ser muy difícil no dejarse llevar por sus pensamientos y sus emociones. Puede ser especialmente difícil si tiene mucho estrés o presión en su vida, y hoy en día, ¿quién no lo tiene?

Al crear espacio, está alejando su atención de los patrones normales de pensamiento y de las reacciones emocionales. A través de la fuerza de su imaginación, genera un ambiente mental y emocional altamente efectivo;

incluso si surgen pensamientos y emociones turbulentas, no podrán distraerlo.

En el espacio que hemos diseñado, dibuje el lugar o pegue una foto del cielo o del sitio que lo motive, que le infunda quietud y paz.

Puede ser una excelente actividad usar la cámara de su celular para sacar distintas fotos del cielo estrellado o cualquier imagen que se apropie, que le infunda tranquilidad y que lo maraville.

Vuelva a dicha imagen cuando haga esta meditación.

CREAR ESPACIO PARA LAS IDEAS

Después de haber sido introducidos en el ejercicio de crear espacio, las personas a menudo tienen la impresión de que el objetivo de la práctica es distanciarse un poco de los problemas. Este no es el caso, no es el motivo crear distancia. Poner distancia suele ser un proceso para evitar o alejar las cosas que nos hacen sentir incómodos. En cambio "crear espacio" es una forma de ralentizar o interrumpir nuestra forma habitual de reaccionar ante estas situaciones.

Cuando estamos estresados, generalmente, es una señal de que no tenemos suficiente espacio en nuestras vidas. En estos momentos, a menudo experimentamos una sensación de sentirnos constreñidos, encajonados. También podemos sentirnos ansiosos y así se empieza a manifestar físicamente el agobio. Puede aparecer por ejemplo en forma de una opresión en el pecho o como una respiración superficial.

En estos momentos suspiramos profundamente para tratar de liberar la tensión. Esta sensación de estar tensos, como encajonados, cumple una función poco positiva en nuestras vidas que puede llevar a un estado de estrechez de miras. Este es el hábito de una mente inquieta, impulsiva, una mente orientada a reaccionar, cerrada, porque estamos controlados por nuestros hábitos y emociones negativas. Cuando creamos espacio, el espacio en sí mismo se convierte en el centro de nuestra mente y la tensión en nuestro cuerpo y nuestra mente empieza a relajarse de forma natural. La espaciosidad le proporciona a nuestra mente la capacidad para ver más posibilidades, para estar calmados, para ser considerados en nuestras acciones y, en última instancia, para tomar decisiones mejor fundadas que las que tomaríamos de otra manera.

A través de la práctica de "crear espacio" podemos empezar a experimentar la libertad de elegir, sin estar atados a nuestra forma habitual de reaccionar. Podemos mirar con seguridad nuestros problemas, sin sucumbir a los patrones

de miedo o desesperanza. Para poder cambiar estos hábitos emocionales, necesitamos alejarlos suavemente sin rechazarlos. Obsesionarnos con cada problema, reaccionando a cada uno de estos aspectos con tensión y emociones negativas, nos aleja de hallar una salida a lo que nos preocupa. En cambio, mantenernos con el foco en una mente espaciosa nos permitirá observar los problemas e, incluso, aprender a trabajar a través de ellos, utilizando el poder y la inteligencia de una mente abierta y tranquila. Es interesante constatar cuántas ideas importantes han surgido cuando algunos de los grandes pensadores de la historia se tomaron un momento para relajarse.

Arquímedes descubrió cómo saber si el rey fue engañado solo después de que dejara de pensar y se metiera en la bañera; Newton tuvo un gran momento de comprensión de la gravitación cuando se sentó en un estado de ánimo contemplativo y cayó una manzana de un árbol; la visión de Niels Bohr, ganador del Premio Nobel de Física, le llegó cuando se estaba quedando dormido; a Paul McCartney se le ocurrió "Yesterday", una de las canciones más grabadas de la historia, justo cuando se estaba despertando.

La lista sigue y sigue. No hay duda de que estas ideas fueron el fruto de un largo proceso de concentración y de pensamiento, pero los resultados solo se obtuvieron después de que la mente tuviera la oportunidad de relajarse.

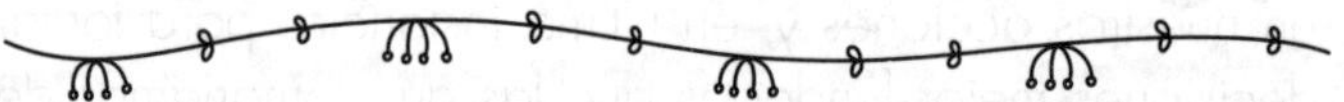

Tómese un momento para reflexionar sobre su vida: ¿tomó sus mejores decisiones cuando se sentía realmente ansioso o temeroso, o cuando se sentía tranquilo y espacioso? Sus mejores ideas, las más creativas y fructíferas, ¿llegaron cuando estaba relajado y a gusto o cuando estaba consumido por la irritación y la preocupación?

Así que es muy buena idea crear un poco de espacio en su mente. Calmando su mente, aunque sea solo un poco, descubrirá que hay más espacio, no solo en su mente, sino también en su vida. Tendrá más espacio para pensar en las cosas que realmente necesita pensar. Por eso, cree un poco de espacio todos los días, llegue a conocer su mente libre de la confusión de los pensamientos y de las emociones en forma de bucle.

MEDITAR EN UN OBJETO

- Siéntese cómodamente en una silla o un cojín con la espalda recta para calmar la mente. Empiece a respirar, a prestar atención a la respiración, inspire y exhale lenta y suavemente. Deje los ojos abiertos con una mirada relajada y natural hacia el espacio que hay delante de usted, no hay necesidad de enfocar ni descansar la mirada en nada.

- Ahora ponga ligeramente el foco de su atención sobre el ritmo de la respiración. Permanezca consciente de todo, pero mantenga suavemente su atención en la respiración.

- Cuando se sienta relajado, cuando deje que se instale el fluir del inspirar y exhalar suavemente, elija un objeto en el que va a meditar.

La práctica consiste en llevar la atención a un objeto y dejarla allí; si se distrae, simplemente traiga su mente de vuelta al objeto. El foco de la mente en el objeto tiene por finalidad darle trabajo a la mente que, como mono loco, salta de un tema a otro, de una preocupación a otra.

Al permanecer atenta al objeto, la mente-mono deja de brincar hacia todas partes, esto significa que podrá interrumpir el hábito de ir detrás de cada pensamiento y de cada emoción que surge en su mente y, en lugar de eso, no importa qué pensamiento o emoción aparezca, su mente reaccionará siempre de la misma manera, devolviendo la atención al objeto de su meditación.

Puede que se pregunte: ¿qué entendemos por objeto? Hasta ahora hemos utilizado dos tipos de objetos para la meditación: la respiración y el espacio.

Usamos nuestra mente para crear un cielo infinito y mantener nuestra atención en el espacio o podemos usar cualquier objeto para hacer esto, como visiones, sonidos, sensaciones, e, incluso, pensamientos. Al traer nuestra atención de vuelta al objeto una y otra vez, y de nuevo otra vez, gradualmente, la mente saltarina se calma. De esta forma, nos instalamos cada vez más en el momento presente, sin ser distraídos por cualquier pensamiento o emoción que pase por nuestra mente. Este es el propósito de utilizar un objeto.

Para nuestra práctica de meditación, estar plenamente presentes en este momento, aquí y ahora, es lo que llamamos *estar sin distracción.*

Realizar una meditación sin un objeto de soporte implica que previamente se vaya familiarizando con la no distracción y entonces descubrirá que puede prescindir del método de usar un objeto. Para meditar sin objeto soporte, es necesario entender realmente qué significa la no distracción.

Primero hay que señalar que no es un estado que cultivamos o creamos, es una cualidad natural de nuestra mente. Sin embargo, la mayor parte del tiempo no nos percatamos de ella porque normalmente esta cualidad está oscurecida por nuestros pensamientos y emociones. En otras palabras, la no distracción se manifiesta cuando ya no permitimos que nuestra atención se vea arrastrada por una corriente de pensamiento.

Se trata de descansar en la consciencia natural que todos tenemos, en nuestra propia mente libre de la distracción de pensamientos y emociones. Esta consciencia es puro saber sin necesidad de darnos cuenta de alguna cosa en particular, nuestras mentes son naturalmente conscientes, pero, por lo general, estamos distraídos por los objetos de los que nos percatamos. Y empezamos a pensar en ellos creando un ciclo interminable de pensamientos, pero la consciencia misma no necesita esos objetos para estar en atención plena.

Si vamos detrás de pensamientos y emociones pensando involuntariamente en ellos, es lo que llamamos estar distraído (como opuesto al estado de atención plena o meditación). En cambio, cuando descansamos en la consciencia misma, no hay distracción y aparece un estado en blanco, que nos regala la oportunidad de percatarnos de todo lo que nos rodea.

En otras palabras, sabemos que estamos distraídos tengamos o no el pensamiento de estarlo, si tenemos el pensamiento "estoy distraído", la consciencia se percata del pensamiento y nos ayuda a prestar atención a la respiración o cualquier objeto que estemos usando como soporte, y a volver a la meditación. Si en lugar de eso vamos detrás del pensamiento, volvemos a la distracción. Normalmente nos aferramos a los objetos al pensar en ellos, evaluamos una y otra vez las experiencias y tratamos de apegarnos a las cosas que nos gustan.

Así que en la meditación tomamos está tendencia habitual a aferrarse a las cosas y la usamos en nuestro beneficio, de modo que relaje con destreza el mismo hábito de apegarnos, simplemente usando un objeto del que estar atentos. La práctica de la atención plena utiliza de una forma especial el hábito de la mente saltarina usando un objeto de sostén en reemplazo de cualquier pensamiento emergente.

USAR VISIONES, SONIDOS Y SENSACIONES FÍSICAS

La vista, aprender a meditar con los ojos abiertos

Algunas personas se preguntan por qué se recomienda meditar con los ojos abiertos. Cuando las personas están aprendiendo a meditar, a menudo dicen que es más fácil no distraerse si se tienen los ojos cerrados. Está bien si uno necesita comenzar las sesiones con los ojos cerrados, pero, en realidad, es muy importante aprender a meditar con los ojos abiertos.

A través de la práctica de la meditación, aprendemos a estar plenamente presentes, sin que nos distraigan los pensamientos y las emociones. Cuanto más y más nos familiarizamos con la no distracción, más y más probable es que la no distracción se convierta en nuestra forma natural de ser. Así que no necesitamos abandonar la consciencia meditativa solo porque nos levantemos de nuestro asiento. Podemos familiarizarnos lo suficiente con la no distracción como para permanecer en ese estado mientras desarrollamos nuestro trabajo, realizamos las tareas, nos divertimos con nuestros amigos o, incluso, escribimos libros extraños. Acostumbrarse a estar totalmente presente y consciente frente a cualquier pensamiento, emoción, visión, color, sentido que surja es realmente lo que llamamos *meditación*.

Al cerrar los ojos estamos perpetuando sutilmente el hábito de evitar y de cultivar circunstancias particulares. Terminamos tratando de evitar las sensaciones visuales para estar completamente en el momento presente. De hecho, las formas visuales pueden ser un soporte para nuestra meditación y podemos usarlas para traernos al momento presente.

Si conseguimos estar completamente libres de distracciones solamente cuando cerramos los ojos, ¿cómo podremos meditar cuando estemos haciendo nuestra tarea del día? Así que necesitamos acostumbrarnos a meditar con los ojos abiertos o aprender a hacer todas nuestras actividades diarias con los ojos cerrados, ¿qué le parece más difícil? En la práctica de meditación encontramos algo que mirar descansando nuestra vista en un objeto, podemos usar cualquier objeto, pero, por lo general, funciona mejor si es un objeto agradable, por ejemplo, una vela, una flor, una hermosa foto de la naturaleza, también podemos utilizar un objeto sagrado religioso o no religioso.

Si tiene muchos problemas para meditar con los ojos abiertos, aún mirando un objeto, hay una manera de acostumbrarse a ello. Cierre los ojos, dedique algo de tiempo a poner foco en la respiración y, entonces, cuando esté preparado, abra los ojos y empiece de nuevo.

Puede intentar esta práctica en lugar de poner el foco sobre la respiración, o puede poner el foco sobre la respiración durante 5 minutos y después usar una imagen o viceversa.

Recorte y pegue en el espacio de la página siguiente cinco objetos sobre los cuales le gustaría meditar. Busque las versiones más bellas de los objetos elegidos.

MEDITACIÓN EN EL SONIDO

Usar fuentes de distracción como un soporte para la meditación.

Cuando era adolescente, a menudo reaccionaba de forma muy enérgica y negativa a los sonidos extremadamente fuertes que provenían de las calles cercanas a mi casa.

El sonido interminable de las obras, de los camiones, de los portazos, de los gritos de personas me volvían loca, no podía intentar meditar u orar cuando se armaba todo ese lío, pero, entonces, apareció un maestro que me sugirió empezar a usar el sonido como soporte para mi práctica de meditación.

Eso lo cambió todo. Después de algunos años, puedo decir que los sonidos rara vez me molestan, de hecho, los sonidos que solía pensar que eran molestos, ahora refuerzan mi atención y, en la actualidad, los sonidos fuertes, en cualquier situación, no me molestan.

Cuando oigo un estruendo, tanto como cuando medito en silencio, encuentro que el sonido abrumador me lleva naturalmente a la práctica de la meditación. El sonido en sí mismo, simplemente, me recuerda que debo estar completamente presente.

La gente suele decir que no puede meditar porque hay demasiado ruido o porque su cuerpo está incómodo. Sin embargo, podemos aprender a trabajar con aquellas cosas que normalmente pensamos que son fuentes de distracción y transformarlas en soportes para nuestra práctica.

Podemos usar cualquiera de los cinco sentidos como un soporte para nuestra práctica en lugar de evaluar si clasificamos un sonido como objeto de distracción o uno de placer.

USAR LA SENSACIÓN DEL SONIDO

- Empiece dedicando unos minutos a enfocarse en su respiración.

- Ahora lleve su atención a la sensación del sonido, lleve su consciencia a sus oídos. Simplemente, permanezca atento a cualquier sonido que escuche.

- Advierta cómo surge un sonido y después se desvanece. No hay necesidad de pensar en qué tipo de sonido es, o si es agradable o no, si se da cuenta de que se ha perdido en los pensamientos, en ese momento, traiga de vuelta suavemente su atención a la sensación del sonido.

- Si el sonido es muy fuerte y doloroso, es probable que sea una indicación de que necesita proteger sus oídos y, en ese caso, es conveniente considerar la posibilidad de colocarse tapones para los oídos o de meditar en otro lugar.

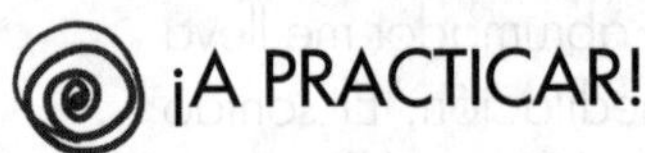

¡A PRACTICAR!

- Busque una melodía que le guste y que pueda ayudarlo a meditar.
- Puede también grabar un sonido que lo relaje y que sea propicio para su consciencia.
- Escriba qué eligió y explique por qué y para qué.

....

....

....

....

USAR LOS SENTIDOS DEL OLFATO Y EL GUSTO

A estas alturas es probable que ya entienda que cualquier sensación visual, sonora, táctil puede ser utilizada como un soporte para la meditación. Los olores pueden ser utilizados como cualquier otra sensación. Si hay un olor fuerte en la habitación, en lugar de permitir que se convierta en una fuente de más pensamientos de distracción, podemos descansar nuestra atención ligeramente en dicho olor.

Por otro lado, el gusto es, por lo general, un sentido dominante. Solo cuando comemos o bebemos algo conectamos intensamente con él. Cuando coma o beba algo, deje que la sensación lo lleve plenamente al momento presente. Poner ligeramente el foco de su atención en el sabor es más fácil de hacer si está solo o si el grupo que lo acompaña está dispuesto a participar de una degustación consciente.

Como le dije con respecto al olfato, es excelente tener algún sahumerio, un aromatizador, algún aroma que lo ayude a anclarse en la atención plena; en relación con el olfato, podemos meditar sobre el cuerpo entero, usando sensaciones físicas como un soporte.

Hasta el momento hemos considerado usar nuestra vista, nuestro oído, nuestro olfato y gusto como soportes; a partir de ahora extendemos esto a las sensaciones de todo nuestro cuerpo. Esto nos preparara para esos momentos en los que nos encontremos con sensaciones desagradables, por ejemplo, dolor de espalda, dolor de rodilla, mientras practicamos la meditación. Y para aquellos de nosotros cuyos trabajos requieren mucha actividad mental, esta práctica puede ayudarnos a salir de nuestra cabeza y reconectarnos con nuestro cuerpo. Cuando paso muchos días más de 12 horas escribiendo por mi trabajo o cuando escribo por la noche, a veces a las primeras horas de la mañana no puedo dejar de pensar, a pesar de que la mayoría de mis mejores ideas llegan a mí cuando me encuentro por tomarme un descanso.

El problema es que, cuando estoy trabajando, suele costarme desconectar y los mismos pensamientos circulan continuamente por mi mente. A veces, incluso, medito para crear espacio, y me resulta demasiado cerebral. Estoy muy atascada en mi cabeza, pero, al aprender a poner foco en la tensión, en los sensores de mi cuerpo, en las sensaciones, gradualmente consigo concentrarme más en el presente.

La consciencia plena no consiste solo en permanecer presentes frente a cualquier pensamiento o emoción que pase por nuestra mente, también consiste en permanecer presentes frente a cualquier sensación, por ejemplo, después de estar sentados por un tiempo, podríamos tener un ligero dolor en la espalda. Normalmente consideramos este dolor como una molestia que interrumpe nuestra práctica distrayéndonos de la meditación, en cambio, podemos usar esta sensación incomoda como objeto en el que descansamos nuestra atención. Necesitamos ser conscientes de lo que estamos sintiendo mental y físicamente. El escaneo del cuerpo nos saca, nos corre, de nuestra cabeza al poner nuestra atención en nuestro cuerpo.

EL DOLOR Y LA INCOMODIDAD USADOS PARA MEDITACIÓN

Naturalmente cuando experimentamos dolor, incomodidad o, incluso, picor durante la meditación, reaccionamos de dos maneras: una es tratar de evitarlo cambiando nuestra posición, tocando el área del cuerpo que experimenta la sensación; la otra es tratar de ignorarla, lo que desgraciadamente suele dar lugar a una preocupación totalmente centrada en la sensación molesta.

Entonces, nos distraemos, completamente perdidos en pensamientos sobre la incomodidad. Esto solo hace que el dolor o el picor sea casi imposible de soportar; en lugar de hacer de la incomodidad el objeto de sus pensamien-

tos, puede hacer de ella el objeto de meditación. Puede hacer que la mente que nota la sensación se involucre usando la experiencia en sí, en lugar de intentar combatir el dolor o reemplazarlo con placer. Puede cambiar su patrón normal de empeorar la incomodidad cuando piensa en ella simplemente observando la sensación de incomodidad de la misma manera que observan la respiración en la meditación.

Lo asombroso de practicar de esta manera es que ya no necesitamos considerar los retortijones de hambre, una punzada en la espalda o el picor en la barbilla como una distracción en nuestra meditación. En cambio, si sabe cómo usar la sensación, puede conseguir que su meditación se vuelva más estable y solo se interrumpa si experimenta un dolor severo.

MEDITAR USANDO SENSACIONES INCÓMODAS

- Lo mejor es empezar cada sesión creando espacio, ya que esto ayudará a calmar su mente.

- A continuación, debe poner foco en la respiración, puede usar una imagen si necesita ayuda para acostumbrarse a meditar con los ojos abiertos, o si la imagen misma lo inspira para meditar.

- Concentrarse en la respiración es bueno, porque los pensamientos discursivos normalmente vienen y se van con nuestra respiración, y este método evita que nos distraigamos fácilmente.

- Cualquiera de los dos métodos es adecuado como práctica básica de meditación personal: crear espacio o poner el foco en la respiración.

- Si se da cuenta de que se ha distraído, de que se ha perdido en pensamientos sobre el dolor o cualquier otra cosa, simplemente, lleve su atención a descansar de nuevo en la sensación.

Déjela ahí.

- Durante un rato, tome un sonido y úselo como soporte, más tarde, cámbielo por una sensación de su trasero en el cojín y después, pase a los olores que produce su pareja al cocinar. Si su atención se dispersa, se arriesga a favorecer la aparición del pensamiento discursivo en lugar de estar totalmente presente.

No importa el objeto que elija, siempre estará utilizando el mismo método esencial: descansar su atención suavemente sobre un objeto.

Y dejarla así ante cualquier cosa que surja en su mente, ya sean pensamientos, emociones o sensaciones físicas, volviendo suavemente la atención sobre los objetos de meditación.

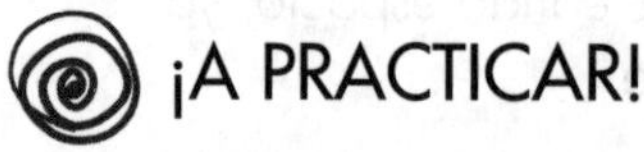

¡A PRACTICAR!

Minipausa consciente

Para acostumbrarse a estar plenamente presente, debe recordar durante el día que tiene que tomar un pequeño descanso y observar la respiración o simplemente apreciar el momento, esto se llama hacer una *minipausa consciente*, porque paramos aquello que estamos haciendo, soltamos todo lo que estamos pensando y simplemente estamos presentes. Paramos, soltamos y estamos presentes.

Encuentre un momento en el que pueda estar solo y soltar todo, todos los pensamientos y el estrés. Si realmente necesita estos pensamientos, seguirán ahí cuando vuelva.

Dedique un instante a crear espacio, a concentrarse en la respiración o simplemente a apreciar el momento.

Minipausa: cinco maneras de superar la ansiedad y el estrés

Tal vez el mayor obstáculo para hacer una minipausa consciente y significativa sea sentirse vencido por la ansiedad y el estrés. Lo curioso es que entonces es cuando más necesitamos una minipausa.

Aquí le ofrezco unos consejos para hacer que una minipausa sea una minipausa consciente. Un recurso es simplemente recordar la palabra "meditación", y esto puede ser suficiente.

Las primeras veces que haga una minipausa no tenga demasiadas expectativas. Al fin y al cabo, casi todos nosotros hemos desarrollado el hábito de la distracción durante toda nuestra vida, y los budistas le dirán que incluso durante mucho más tiempo que eso.

Por lo tanto, cuando haga una minipausa de meditación, puede pensar en la palabra "meditación" y descansar su atención en ella por unos momentos. Esto ayuda a establecer el hábito de hacer minipausas de meditación, después de unas cuantas veces de practicarlo de esta manera, también puede probar la práctica de poner el foco sobre la respiración o usar otro objeto para poner su atención sobre él.

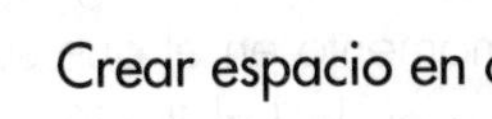

Crear espacio en cualquier lugar

Aunque resulta un reto hacer la práctica de crear espacio cuando está por el mundo, puede ser un ejercicio útil para cualquier momento en el que empiece a sentirse

estresado. Puede que necesite ser un poco creativo, por lo tanto, si se encuentra en la oficina y se siente muy cansado, solo tiene que ir al baño durante unos minutos, sentarse por un momento y crear espacio en el baño. Nadie puede verlo ni saber lo que está haciendo, o al menos pueden pensar que lo saben y lo dejarán hacer este trabajo tranquilo.

Del mismo modo, si su jefe o compañero de trabajo empieza a criticarlo, escuche con calma lo que dice, pero, al mismo tiempo, observe su mente y trate de crear espacio. Esto también funciona en su vida personal, con los amigos y la pareja.

Puede hacer esto simplemente recordando la sensación que tiene al crear espacio. No se estresará ni se alterará tanto, así que es menos probable que reaccione de inmediato con ira o con emociones perturbadoras. Entonces, será más fácil abordar la situación con una mente clara y tranquila.

Superar la agitación y la ansiedad recordando la sensación de paz

Este método consiste en evocar el recuerdo de una sesión de meditación, especialmente apacible, meditación relajada sin expectativas. Esa meditación que ha vivido de manera relajada y fluida, simplemente, sintiendo la paz que le traía estar consciente en el momento presente. Traiga a su mente ese recuerdo vívido de paz y evóquelo cuando se sienta particularmente agitado o ansioso. Trate de recordar un momento en el que su acción haya sido tranquila, piense en la habitación o en el ambiente en el que estuvo y cualquier olor o sonido especial que pueda recordar.

Y lo más importante, recuerde lo que sintió. Pase toda la minipausa recordando el sentimiento de paz que tuvo durante esa sesión de meditación en particular.

Haga de ese sentimiento de paz el objeto de su meditación.

Desarrollar el hábito de la minipausa

Usar los activadores

Aunque queramos hacer minipausas de meditación a lo largo del día, a menudo nos vemos tan atrapados en nuestra rutina diaria que simplemente nos olvidamos de parar, soltar y estar presentes. Por lo tanto, necesitamos una manera de recordarnos hacer una minipausa consciente. Así pues, seleccionaremos eventos comunes, específicos, que nos incitan a dedicar un momento a detenernos y hacer un descanso. Después, cuando nos encontremos con estos recordatorios, nos tomaremos unos minutos para descansar en la meditación, crear espacio o cultivar la gratitud.

A estos recordatorios los llamamos *activadores*, pues nos proporcionan rápidamente una oportunidad para que hagamos una minipausa.

Escoger un activador de minipausa

Durante el día, habrá muchas posibilidades de hacer una minipausa para meditar. Por ejemplo, si se desplaza en transporte público, puede tomarse unos minutos para observar su respiración y usar el sonido del tren como soporte.

Con frecuencia, estamos esperando algo: un colectivo, amigos, una de esas interminables llamadas de servicio al cliente. En lugar de aburrirnos, perdernos en una ensoñación o distraernos con el correo electrónico, con algún juego en nuestro teléfono, podemos observar la respiración. Incluso la cola de la caja del supermercado puede ser una oportunidad para utilizar una sensación física u otro tipo de soporte para entrar en el momento presente. Si trabaja en la oficina, el activador podría ser cuando una reunión termina. Cuando vuelva a su escritorio, en lugar de sumergirse inmediatamente en su correo electrónico, intente concentrarse en su respiración durante 60 segundos. Sea lo que sea que decida escoger como activador, lo más importante es que debe ser algo que le recuerde que debe soltar y estar presente. Dedique unos minutos a imaginar cuál podría ser su activador o activadores

Planificar mentalmente un activador

Al comienzo del día (el mejor momento es al final de una sesión de meditación matutina), tómese unos minutos para imaginarse el activador y lo que hará.

Repáselo unas cuantas veces en su mente: visualice dónde puede estar cuando se encuentres con el activador o cuáles serán las circunstancias. Imagine cómo hará una minipausa de meditación y cómo será la pausa. ¿Qué sensación le produce ir a tomar unos minutos solo para meditar en medio del día?

Pida con ganas el deseo de que cada vez que vea, sienta o escuche el activador de su meditación, recuerde hacer la minipausa.

Establecer un objetivo, contar las minipausas

Tener objetivos es una parte importante de la vida. Nuestra vida está llena de objetivos, desde encontrarnos con un buen amigo para almorzar hasta planear qué vamos a hacer para cenar o ahorrar para las vacaciones. Pasamos la mayor parte de nuestra vida haciendo planes y trabajando para poner en práctica esos planes.

Dentro de los objetivos, cada día puede establecer como su objetivo de bienestar personal conseguir el número determinado de minipausas que quiera hacer.

A continuación, le ofrezco algunos consejos sobre cómo establecer metas realistas de minipausas de meditación:

- Tiene que hacer que la meta diaria sea factible. Al principio, si se marca un objetivo demasiado ambicioso, podrá desanimarse rápidamente. Empiece fijando un objetivo modesto, tal vez tres veces al día, pero, incluso, una vez es bueno.
- Lleve la cuenta de cada una de las minipausas que haga.
- Por la noche, anote el número de minipausas que hizo y fije el objetivo para el día siguiente. Si cada día queda muy lejos de lograr el objetivo, debería considerar la posibilidad de reducir el total, por ejemplo, si planifica hacer 30 minipausas por día y solo está haciendo tres, tal vez necesite reconsiderarlo y ponerse como objetivo tres minipausas a partir de ese momento.
- Incremente lentamente el número de minipausas por día. Si lo hizo tres veces por día la semana pasada o el mes pasado, aumente entonces a cuatro por día.
- Fíjese un objetivo y empiece a contar.

La gente a menudo pregunta: ¿cuántas minipausas se deben hacer durante el día?

La respuesta es que hay que hacer tantas como se pueda, pero no tantas como para sentirse presionado. Las minipausas deben ser exactamente eso, una pausa de la distracción y el estrés normales de nuestro día a día, por lo tanto, trabaje hasta conseguir, poco a poco, un buen número. Empiece con una minipausa al día, y luego añada más y más hasta que le parezca que es el número correcto.

Minipausa para el aburrimiento

Además del estrés y de la ansiedad que caracterizan nuestra época, también es bastante habitual que nos sintamos aburridos. Nos invade el aburrimiento, y con frecuencia, no sabemos qué hacer con nuestro tiempo, si utilizarlo en seguir trabajando o enfrentar las dificultades que aparecen para ejercer el ocio. Aprender a crear espacios de disfrute, de encuentro y de alegría es la propuesta para que no nos aburramos más.

Cuando le digo a la gente que la meditación es un antídoto contra el aburrimiento, suelen mirarme con los ojos abiertos como si hubiera perdido el juicio.

Al fin y al cabo, ¿no es cierto que uno de los mayores obstáculos para la meditación es que sentarse y no hacer nada es la definición misma del aburrimiento? ¿Qué hay de emocionante en observar la respiración? Para la mayoría de las personas, la idea de aburrirse o de quedarse unos momentos sin hacer nada es casi insoportable. La sociedad actual ha exacerbado este fenómeno. La mayoría de nosotros llevamos un teléfono inteligente en el bolsillo con acceso instantáneo a redes sociales, internet, música, videos de YouTube y una variedad infinita de opciones de entretenimiento a solo un clic de distancia.

Por un lado, la mayoría de las personas se quejan del implacable ritmo estresante y frenético de la vida diaria.

Por otro lado, han diseñado sus vidas para que nunca les falten raciones de entretenimiento. Ahora tenemos más cosas sucediendo durante más tiempo. Recuerde que dije que nos íbamos a divertir.

Esta es una oportunidad para jugar con su mente y ver lo que realmente está ocurriendo. La próxima vez que esté meditando y surja el pensamiento "esto es realmente aburrido" o "espero que suene el zumbido que indica que la meditación ha terminado", ahí es donde comienza la diversión. ¿Le parece un tanto incómodo tener que sentarte unos pocos minutos más? Porque nadie lo está obligando. Es el pensamiento mismo lo que crea este nivel de ansiedad.

O ¿hay algo intrínsecamente horrible en el sentarse en silencio? Y si es el pensamiento, ¿cómo es posible que unas pocas palabras que hay flotando en su mente tengan tanto poder? ¿En serio va a quedarse atrapado en el hábito de reaccionar siempre a los pensamientos, en lugar de estar en la no distracción?

¿Y por qué esto es divertido? Porque conseguimos trascender el hecho de responder de forma habitual a pensamientos y emociones, y nos convertimos en curiosos exploradores de la mente. Esta exploración de la mente es intelectualmente satisfactoria, y qué alivio es no ser rehén de nuestros hábitos.

¿Cómo puede la meditación ser un antídoto contra el aburrimiento? La respuesta es **siempre que detectemos un momento de aburrimiento, usémoslo para meditar**.

Pasamos mucho tiempo esperando a que las cosas sucedan. Esperamos a que llegue el tren, a que termine el lavarropas, a que empiece la reunión, nos quedamos atascados en el tráfico, esperando un café, un amigo, llegamos al cine con un poco de tiempo antes... en lugar de sacar el teléfono inteligente, simplemente observemos nuestra respiración. Al poner suavemente el foco de nuestra atención sobre la respiración, llevamos la atención a nuestra consciencia y entramos en el modo no distracción.

Ahora tiene una forma productiva e interesante para salir de los momentos en que solía aburrirse. Así que ¡la meditación es un antídoto contra el aburrimiento!

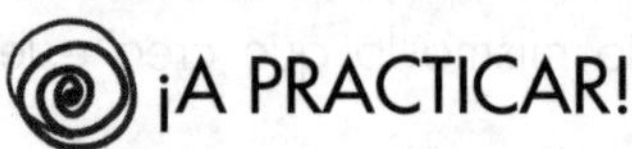

¡A PRACTICAR!

- Escriba, dibuje o pegue recortes de las cinco actividades que más le divierten y que más placer le dan.

¡Si no halla cinco, comience a observarse en su actividad cotidiana hasta que las descubra!

....

....

....

....

....

....

....

....

....

....

....

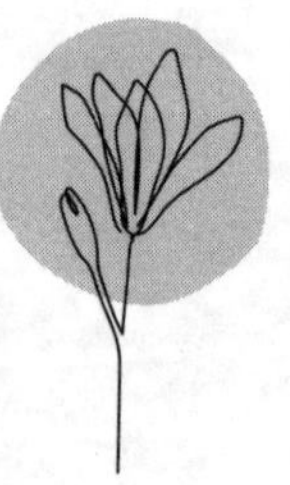

ESTAR PRESENTE: ESTABLECER UNA PRÁCTICA DE MEDITACIÓN DIARIA

Casi todo el mundo tiene dificultades para establecer una práctica regular de meditación diaria. Es muy parecido al propósito que nos hacemos en Año Nuevo de hacer ejercicio en el gimnasio. Al principio vamos todos los días, pero después de un tiempo, la vida parece tomar el control.

La clave para establecer una práctica diaria es cultivar el entusiasmo y la constancia.

Cultivar el entusiasmo

Entusiasmo significa *cultivar una actitud positiva*, que es estar plenamente presente en cada momento. Al contemplar los beneficios de crear espacio, de concentrarnos en la respiración, de tener una actitud de gratitud, de meditar, de generar atención plena, el entusiasmo por aprender a estar plenamente presente y no distraído surgirá naturalmente de la mano del bienestar creciente, así se nos va instalando el hábito.

La idea es comenzar a darse cuenta de los beneficios y logros personales que va favoreciendo el ejercicio de la meditación. Cada vez que se detenga a pensar, reconozca algunos resultados positivos obtenidos que vienen de la mano de esos pequeños espacios de atención plena, de no distraerse, de concentración, de tranquilidad y de paz. El punto clave es hacer que esto sea divertido, no una carga. Puede hacer una práctica en Google que agregue noticias de meditación, buscar meditaciones diversas en las aplicaciones de la red, configurar una aplicación de su teléfono móvil para que recopilen noticias sobre meditación, si tiene un amigo que también está aprendiendo a meditar, reúnase con él para hacerlo, compartan experiencias. Busque lugares abiertos o verdes para generar alguna práctica. Lo más importante es que se acuerde de celebrar y de apreciar el esfuerzo que está haciendo.

La constancia

Incluso si generamos entusiasmo, podemos empezar con las mejores intenciones, pero la vida parece intervenir de alguna manera y, de repente, podemos darnos cuenta de que ha pasado una semana o dos y nuestro entusiasmo se ha evaporado por completo. No estamos meditando otra vez.

Es un buen plan, en esos casos, comenzar con un número de minutos de meditación por día que nos comprometamos a hacer sí o sí.

Aunque el momento del día varíe y las circunstancias parezcan hostiles, esos poquitos minutos harán la diferencia.

Si puede hacerlo en los primeros minutos de la mañana, es lo ideal y recomendado por los grandes meditadores durante siglos.

Así, por ejemplo, podríamos dedicar tres minutos al día durante tres días y, para asegurarnos de que tengamos tiempo, poner la alarma para despertarnos cinco minutos antes. No vamos a echar de menos los cinco minutos de sueño y podremos usar el tiempo extra para hacer nuestros tres minutos.

Ahora tenemos un compromiso con la meditación y algo de tiempo adicional en nuestro día para cumplirlo poco a poco.

Podremos aumentar tanto el número de minutos que nos comprometemos a meditar como el número de días que durará ese compromiso. Si la duración del compromiso le parece un poco excesiva, al final del número de días que se haya comprometido, puede reducir el número de minutos. Por eso, es bueno, especialmente al principio, comprometerse con la práctica diaria solo por un corto número de días, tres o cinco días cada vez. Después, al final del período, puede renovar su promesa, fortalecer el hábito de prometerse a usted mismo lo que realmente puede cumplir.

Cree un impulso positivo para desarrollar una práctica de meditación día por día.

Recuerde que para instalar un hábito necesita un mínimo de sesenta y seis días (según las neurociencias), que puede dividir en tres períodos diferentes.

UN PLAN DIARIO PARA AUMENTAR LA ATENCIÓN PLENA

Se me ocurrió ofrecerle un plan básico diario para aumentar la atención plena, con la meta de incorporar la meditación y aumentar su nivel de bienestar como si fuera un plan alimentario, como si fuera un plan de actividad física. Pero, en este caso, un plan de bienestar basado en la atención plena y en la meditación con actividades básicas.

Plan diario

Este plan que vamos a elaborar es, primero, mi sugerencia y, segundo, su creación.

Es para que le despierte la imaginación y para que se inspire a intentarlo. Se supone que no es una carga. Al principio hacer todo lo que se indica a continuación parece demasiado, pero, con un poco de práctica, podrá integrar fácilmente estos ejercicios en la vida que tiene. He probado el plan con amigos, conmigo, y ayudado a muchas personas a experimentar altos niveles de bienestar.

¡Así que pruébelo! Mire lo que funciona y cambie lo que no. La felicidad que va a lograr viene del compromiso de hacer algo que le haga bien, de priorizarse. Dedicará solo treinta minutos al día a hacer suyo este plan básico relacionado con la paz, con la tranquilidad y con la atención plena.

Plan básico sugerido

A la mañana

- **Despiértese en el momento presente**. En lugar de saltar de la cama, tómese tres o cinco minutos para anclar su consciencia en su cuerpo. Observe las sensaciones de su cuerpo haciendo una breve exploración corporal. Imagine cómo comenzará el día con la práctica de la meditación. Hágase el propósito de que ese día será un día de consciencia plena.

- **Meditación matutina**. Realice la práctica de crear espacio, después medite durante unos minutos poniendo el foco en la respiración o cualquier otro método. Dedique unos momentos a reflexionar sobre algo por lo que esté agradecido. Celebre y aprecie el esfuerzo que hizo para meditar.
- **Beber con atención**. Tómese el café o el té de la mañana con consciencia plena. Enraizado en el momento presente.

A la tarde

- **Minipausas conscientes**. Cuando y donde quiera que pueda a lo largo del día, cree espacio, observe su respiración y cultive una actitud de gratitud. Use sus activadores.

A la noche

- **Meditación de la noche**. Reserve unos momentos al final del día. Cree espacio y, si no está demasiado cansado, observe la respiración durante unos minutos. Piense en algo para la contemplación de la gratitud que hará mañana. Reflexione sobre cómo, a pesar de haberse pasado toda la vida yendo detrás de distracciones, ahora ha pasado un poco de tiempo practicando.
- **Celebrar**. Celebre los pocos momentos que meditó, especialmente si hizo una minipausa o tres durante el día. Después visualícese haciéndolo otra vez al día siguiente.
- **Dormir con consciencia**. Al acostarse, cree una actitud de gratitud y después descanse mientras se duermes conscientemente.

Dibuje. Haga un cuadro sinóptico. Use colores. Ponga cartelitos en la heladera, en su mesa de luz, en su pizarra, y diseñe los momentos de paz que cambiarán su percepción de las cosas que le suceden. Dese permiso para un té saboreado lentamente. Para experimentar pausas vivificantes.

Escríbalo:

....

....

....

....

....

....

....

....

¡Atrévase a gestionar su tiempo y a usarlo a su favor!

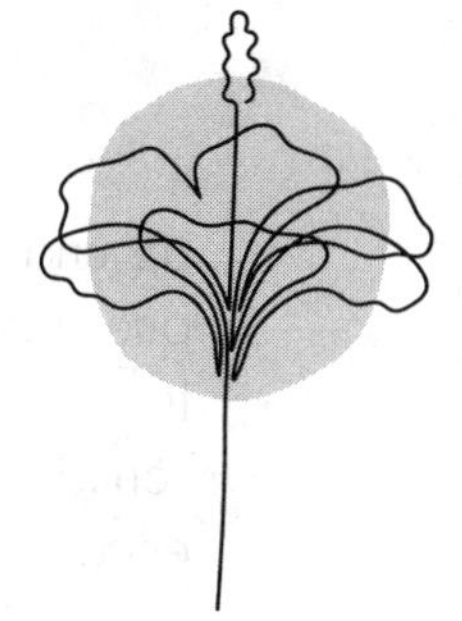

Quinta parte

MINDFULNESS Y LA MAESTRÍA DEL CORAZÓN

• CONTEMPLAR LA NATURALEZA INTERDEPENDIENTE DE LA REALIDAD

Para aumentar nuestros niveles de bienestar es importante que nos tomemos un rato para analizar cómo son nuestras interacciones diarias. Cómo nos relacionamos con lo que nos rodea, con el medio ambiente, con las personas.

Estar atentos a lo que tiene que ver con la interacción con los otros, a la relación con los otros. No hay bienestar posible sin que podamos poner foco durante algo de tiempo en esta circunstancia. Todos entendemos que nuestro medio ambiente, los animales, las plantas, los seres humanos que viven en el mundo están conectados entre sí de una manera interdependiente. Esta red de interdependencia sin fisuras es fundamental para nuestra comprensión científica de la biosfera. Sin embargo, si examinamos cuidadosamente nuestras actividades diarias, veremos que vivimos en desacuerdo con este entendimiento, y eso nos impide experimentar el bienestar, la paz y la tranquilidad que provienen de esta interconexión.

La paz, la confianza y la tranquilidad que nos genera saber que estamos interconectados, que formamos parte de una gran red de la que somos un hilo fundamental, que nos sostiene en la existencia, nos aporta una confianza y esperanza que podemos llamar radical. Este sentido de pertenencia nos da fuerza y nos ayuda a encontrar sentido en los momentos difíciles.

La mayoría de nosotros vivimos nuestra vida como si fuésemos entidades separadas, claramente distinguibles del mundo en el que nos encontramos, pero cuando examinamos esto más detalladamente, nos damos cuenta de que somos el resultado de nuestras interacciones con los demás y con nuestro medio ambiente. Muchos de nuestros valores, decisiones y formas habituales de pensar son, en esencia, producto de dichas interdependencias.

Nuestra cultura define la forma en que pensamos, la forma en que nos criamos, con quién nos juntamos, incluso, los microorganismos de nuestro intestino se ven afectados por cómo experimentamos las cosas, cómo aprendimos a alimentarnos.

Por otro lado, hemos aprendido a creer y a sentir con la mirada opuesta, como si estuviéramos completamente separados del mundo en el que nos encontramos. Esta visión distorsiona cada aspecto de nuestra experiencia. Al ver la verdad de que estamos todos interconectados, aparecerá como resultado un cambio contraintuitivo. Normalmente pensamos que, para cuidar adecuadamente de nosotros mismos y de nuestros seres queridos, tenemos que poner nuestras necesidades y las suyas por encima de las de los demás. Pero si el bienestar se halla interconectado surge que, al cultivar la bondad amorosa y la compasión, empezamos a valorar a los demás de la misma manera que nos valoramos a nosotros mismos.

De hecho, responder a las necesidades de los demás es también una manera de nutrir la nuestra propia. Básica ley de la conexión social.

• RELAJAR LOS JUICIOS

Formamos grandes juicios sobre las personas tan solo unos segundos después de conocerlas. Estos juicios, a menudo, son incorrectos y difíciles de cambiar. Einstein decía: "Es más fácil desintegrar un átomo que un prejuicio". Este hábito de juzgar nos impide ver verdaderamente a los demás, tomar buenas decisiones y experimentar auténticamente el mundo que nos rodea. Los juicios son nuestros filtros, son nuestros anteojos, no podemos experimentar lo que pasa porque estamos conectados con nuestros propios juicios. Lo que vemos son nuestros juicios, no lo que en realidad está ante nuestros ojos.

Aprendiendo a relajar este hábito de hacer juicios rápidos, cultivando la bondad amorosa y la compasión durante la meditación, podremos celebrar la buena suerte de los demás y, así, aumentar nuestra consciencia de interconexión y de bienestar humanos.

• ESTAR ATENTO

Tiene que ver con esta consciencia de interconexión y de red. Surge a través de nuestras interacciones diarias con otras personas y de eso trata la consigna "estar atento". Podemos aprovechar los conocimientos y el afecto adquiridos en las dos secciones anteriores para cambiar gradualmente la manera en que experimentamos a los demás, incluso, a las personas realmente difíciles, para aprender a estar satisfechos y contentos sin esperar que el mundo entero se ajuste a lo que creemos que necesitamos.

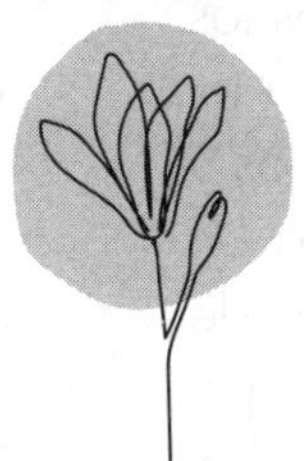

Cuando pueda fortalecer su sentido de estar conectado con los demás inspirado por la bondad y el cariño, será mucho más fácil vivir su vida y el efecto es el bienestar que le da la interconexión. Antes de entrar en contacto con esta capacidad natural para el afecto y de llevarla casi a cualquier situación, será útil probar algunos ejercicios.

El objetivo de los siguientes ejercicios es doble: recordar la interacción y reconocer la bondad y el cariño que ha recibido.

Para experimentar la felicidad de la interconexión de la red resulta útil ver la interconexión de todo, en lugar de enfatizar la separación. La interconexión es un aspecto fundamental de la realidad y, cuando vivimos nuestra vida sin estar en armonía con esta realidad, esto afecta la forma en que vemos todas las cosas. Al ver a través de la lente borrosa de la separación, corremos el riesgo de actuar y reaccionar basándonos en un falso conjunto de suposiciones. Cuando ponemos el foco sobre la separación, estamos asentando nuestra visión del mundo en datos equivocados, es como tirarnos de cabeza a una piscina sin comprobar si hay agua en ella.

En segundo lugar, necesitamos investigar la bondad y el cariño en nuestras vidas. Es solo a través de la bondad y del cariño de los demás que estamos aquí.

Sobrevivimos a la infancia, aprendimos cosas, tuvimos sustento, y todo esto es el resultado de la interconexión y la bondad de los demás. No conocemos a todos los que nos han ayudado. Nunca podremos conocer a todas las personas que han hecho posible que vivamos y que prosperemos. Como dice Brando en la película *Un tranvía llamado deseo*: "siempre hemos dependido de la amabilidad de los extraños". También es cierto que todos hemos sufrido traumas y derrotas y no los debemos rechazar, tenemos que conocerlos y aprender de ellos, pero, con demasiada frecuencia, permitimos que los peores reveses de la vida refuercen nuestro sentido de separación y desesperanza.

Una manera de sanar esa sensación de estar aislados es poniendo el foco sobre toda la bondad y el cariño que hemos recibido en nuestra vida. Lo importante es empezar a reconocerlo y respetarlo para que sea mucho más fácil para nosotros ser bondadosos, considerados y con discernimiento, en lugar de juiciosos.

¡A PRACTICAR!

Responda y escriba cinco respuestas que contesten para qué cree que es bueno ser bueno.

....

....

....

....

....

....

....

....

• CONTEMPLAR LA INTERCONEXIÓN

Voy a pedirle que piense en los acontecimientos cotidianos y que dedique un poco de tiempo a reflexionar sobre los diferentes sucesos que tuvieron que ocurrir para que

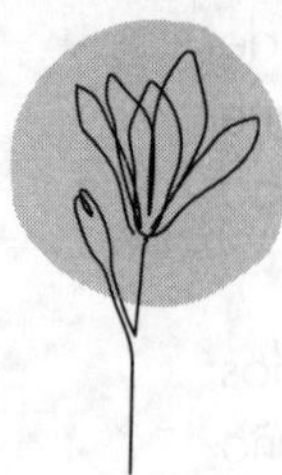

se produjeran. En otras palabras, se recordará a usted mismo, una y otra vez, ver la interconexión en el contexto de la vida diaria.

- **La interconexión en la mesa**. Tómese unos minutos para reflexionar sobre la comida que hay en el plato que tiene delante. Imagine todas las personas que ayudaron a traer esa comida a su mesa, el personal del negocio donde la compró, el granjero que la cultivó, el camionero que la entregó. Después considere cómo llegaron esas personas ahí, quién instruyó al granjero, quién entrenó al camionero, quién construyó el camión, cómo llegamos a tener camiones en primer lugar y el camino por el que viajó ese camión, quién lo construyó, y así sucesivamente, hasta ver adónde puede llegar.

- **La interconexión en el trabajo**. Independientemente de lo que haga para ganarse la vida, piense por un momento en todas las personas que están conectadas a su trabajo, sus compañeros, las personas que compran los bienes o pagan por los servicios, que proporcionan una oficina, quién hizo su escritorio y su silla, quién diseñó el edificio, quién lo construyó, cómo llegaron allí los materiales, cómo aprendió la gente a hacer edificios de oficinas.

- **Contemplar la bondad**. Cuando hablamos de bienestar, cuando hablamos de gratitud, estamos hablando de contemplar la bondad del otro, de lo que nos rodea y también de la propia. Contemplar la bondad es un ejercicio que nos ayuda a mantener el bienestar. Se trata de poder contemplar la bondad de los objetos cotidianos y profundizar recordando las personas que nos han mostrado bondad.

- **La bondad de las cosas**. Hay cosas que usa todos los días que le hacen la vida más fácil. Cómo sería su vida sin la heladera, sin el lavarropas, sin la plancha, sin la red de internet y de teléfonos…

Este ejercicio es un poco como el de la gratitud. Es apreciar una cualidad o una pertenencia, pero en este caso damos las gracias al objeto por su bondad. Por ejemplo, la heladera, que mantiene nuestros alimentos libres de bacterias; los elementos que protegen nuestra salud; las plantas de nuestra casa o nuestro jardín, que producen generosamente el oxígeno que nos ayuda a respirar.

La bondad no siempre es el resultado de un acto consciente. Cuando miramos una hermosa flor, el mero hecho de apreciar la belleza de la flor no lleva al momento presente, eso se debe a la bondad de la flor. Contemplar la belleza fresca de la flor nos brinda alegría. Demasiado a menudo, la gente dice que este es un mundo cruel, y es cierto porque a veces pasan cosas malas, pero eso no puede ser la única definición de nuestro universo, porque también es un mundo que rebosa bondad natural y espontánea.

- Por la mañana, haga cinco o diez minutos del ejercicio de crear espacio.
- Piense en un objeto que use a diario cuya utilidad es inestimable. Piense en cómo ese objeto es parte de la bondad de la interconexión y sienta gratitud.
- Por extensión, piense en la bondad de todas las personas que crearon el objeto de gratitud. Porque si el objeto es una manifestación de la bondad, las personas que lo hicieron también son parte de ella.
- Ahora puede relajarse y soltar los pensamientos que ha traído a su mente. Por unos minutos descanse en meditación poniendo el foco en la respiración o usando cualquiera de los otros métodos que hemos visto.

• **Recordar la bondad recibida**. A pesar de todo lo que hemos tenido que soportar en nuestras vidas, han sido y siguen estando configuradas por la bondad y el cariño de los demás. Cuando éramos demasiado jóvenes para alimentarnos, alguien nos alimentó, nos tapó con una manta para estar abrigados por la noche y nos llevó al médico cuando estábamos demasiado enfermos para salir de nuestra cuna. Durante nuestros años escolares, algunos de nosotros tuvimos mentores, personas que nos enseñaron cosas valiosas o, al menos, nos ayudaron a graduarnos. Tal vez un mentor espiritual que nos introdujo en el mundo de las creencias religiosas o espirituales. Cada día seguimos teniendo personas en nuestras vidas que nos muestran su bondad y nos cuidan. Podría ser alguien que nos enseña el oficio, nuestro trabajo, o alguien que nos trae sopa de pollo cuando tenemos gripe; podría ser alguien que nos ofrece una bondad tan pequeña como preguntarnos en el ascensor a qué piso vamos y marca el número en el tablero, o alguien que cuando el GPS falla nos dice cómo llegar al lugar. A menudo, cuando, por primera vez, intentamos pensar en personas que nos dieron su apoyo, nuestra mente parece ir en la dirección opuesta e inmediatamente recordamos cada desprecio que hemos tenido que soportar.

- **Haga una lista de todas las personas que le han ofrecido bondad o cariño**. Cada vez que piense en alguien que no recordaba, añada el nuevo nombre a su lista.

....

....

....

....

....

- En su meditación matutina empiece creando espacio.
- Recuerde una a una las personas de la lista.
- Cuando piense en esa persona, recuerde honrar con aprecio y gratitud lo recibido de ella. Al principio puede ser útil considerar a alguien que se preocupaba por usted cuando era muy joven. Permítase sentir el amor y el cariño de esa persona nutriéndolo.
- Al final de cada sesión de reconocimiento de bondad, descanse un minuto poniendo el foco sobre la respiración y usando una de las formas de meditación que hemos estado trabajando.

Vamos a cerrar el trabajo sobre la bondad y el reconocimiento de la bondad y el cariño recibido con una frase de Víktor Frankl del libro *El hombre en busca de sentido*. Dice Frankl: "Todo puede arrebatársele a un hombre menos una cosa, la última de las libertades humanas: elegir nuestra actitud en un conjunto dado de circunstancias, para elegir nuestro propio camino".

Normalmente pensamos que la libertad es tener opciones y la capacidad de elegir. Sin embargo, es más adecuado que nos centremos en la forma en que tomamos nuestras decisiones, prestando atención a una mejor calidad de información para hacerlo, es decir, procurar mediante la meditación tener la percepción libre de los hábitos mentales y emocionales para que podamos trascender el contexto, la cultura, los traumas, los hábitos y ver el mundo y a nosotros mismos cada vez con menos parcialidades. Así que, en efecto, la elección es nuestra. Elegimos vivir como prisioneros de un falso mundo de pensamientos y emociones habituales que nos induce a creer en la separación o podemos entrar en el momento presente y vivir a la luz de la interconexión y de la bondad.

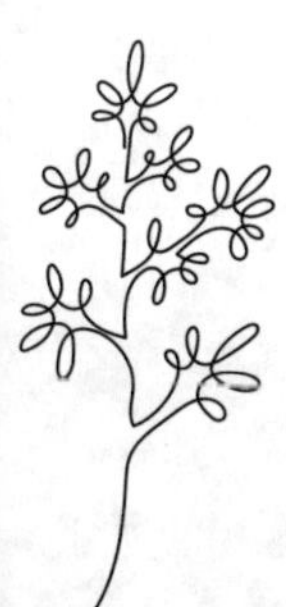

• **Relajar los juicios**. Ir soltando los juicios y los prejuicios, repito la famosa frase de Albert Einstein que dice: "...es más fácil desintegrar un átomo que un prejuicio". Esté atento a sus juicios, a sus prejuicios, a esa tendencia espontánea a juzgarlo todo, a criticarlo. Si hiciera una doble tabla de entrada poniendo, de un lado, lo que está bien y, del otro, lo que está mal, sin contemplar grises, se daría cuenta de las exclusiones que genera.

• **Ejercicios sencillos para soltar juicios:**

1. Un relato para dar cuenta de la propia respuesta

Un señor mayor y su hijo fueron de excursión a las montañas. Mientras caminaban por una pendiente traicionera, ambos cayeron. Cuando el equipo de rescate llegó, el señor mayor estaba muerto. Llevaron a su hijo al hospital. Una eminencia médica examinó al hijo y dijo: "Debería ser operado de inmediato, pero yo no puedo operarlo, él es mi hijo". ¿Puede explicar esta paradoja?

2. Un cuadrado perfecto

Tiene forma de cuadrado perfecto. Tres puntos en línea arriba. Tres puntos en línea en el medio. Tres puntos en línea abajo. Todos equidistantes. En este ejercicio tiene que tomar un lápiz. Apoyarlo en uno de los puntos y, sin levantar el lápiz, unir todos los puntos, generando una figura.

● ● ●

● ● ●

● ● ●

No se sienta mal si no puede entender estos rompecabezas, la mayoría de las personas se quedan boquiabiertas con uno o con ambos. Incluso si logran averiguar la respuesta. La mayoría de las personas necesitan un poco de tiempo para entender, porque la respuesta no es inmediatamente obvia.

Somos ciegos al hecho de que estamos todos tomados por un conjunto de creencias, juicios y prejuicios, maneras de ver las cosas, a las que habitualmente se les llama *paradigma*.

Eso es porque nuestra forma habitual de ver las cosas se entromete y estos hábitos mentales, que están especialmente relacionados con nuestras interacciones con los demás y que hemos aprendido con la leche templada, son los que nos llevan a sacar conclusiones precipitadas, engañarnos, y son los que no nos permiten experimentar el mundo de manera auténtica.

Hay una frase que dice: "En la mente del principiante hay muchas posibilidades, pero en la mente de los expertos hay pocas".

Suzuki dice: "Mente zen, mente de principiante".

¿Qué quiere decir esto? Que una mente desapegada de sus hábitos de pensamientos, sentimientos, puede abrirse a nuevas posibilidades, mientras que la mente experta, que cree saber la respuesta, tiende a repetirse y a repetirse, y a evitar ver nuevos caminos, repitiendo los senderos ya experimentados.

Parte de nuestra manera de resolver problemas es hacer suposiciones basadas en nuestra experiencia pasada. Estos atajos mentales hacen que muchos de los problemas sean más fáciles de resolver, pero también pueden llevarnos a hacer suposiciones falsas y a tomar malas decisiones.

Un ejemplo clásico, por los resultados catastróficos, fue la construcción de la línea Maginot entre Francia y Alemania después de la Primera Guerra Mundial. Los generales franceses asumieron que cualquier guerra nueva que hubiera sería como la última, pero con mejores armas, y construyeron una costosa muralla fortificada (línea Maginot). Sin embargo, los generales alemanes inventaron un nuevo tipo de táctica e hicieron lo inimaginable y volaron a través de Holanda y Bélgica, que tenían defensas más pobres, hacia una parte indefensa de Francia. ¡Caramba! Creamos nuestras propias líneas Maginot mentales todo el tiempo sin darnos cuenta de ello.

Los científicos dicen que, apenas conocemos una persona al cabo de milisegundos, ya hemos hecho juicios en relación con quién es, cómo es, si nos gusta, si no nos gusta, y unos pocos segundos después, esos juicios se solidifican y son muy difíciles de cambiar, incluso cuando tenemos nuevos datos que contradicen lo que hemos pensado. Tal vez por eso, a veces, nos quedamos con ese novio fracasado, cuando todos a nuestro alrededor ya saben que la cosa no está funcionando. Todos hemos tenido la experiencia de conocer a alguien y que en poco tiempo el mero hecho de escuchar su nombre sea suficiente para que se nos pongan los pelos de punta; sin embargo, con el paso del tiempo algo sucede y nos damos cuenta de que esa persona no es tan horrible. La habíamos juzgado mal.

Somos máquinas de juzgar inconscientes y esos juicios son, a menudo, erróneos e incompletos, en forma posiblemente peligrosa, como resultado de un reflejo habitualmente condicionado de un mecanismo de defensa biológica o de alguna combinación de ambos. Estos juicios inútiles y muy rápidos a menudo nos impiden tener relaciones afectuosas.

La buena noticia es que no tiene que luchar contra los juicios, lo cual sería un ejercicio inútil. Puede aprender a relajar la actitud que tiene ante sus juicios, el afecto nos permite mantenernos abiertos y flexibles y, de una forma, poder recibir nuevos datos o, al menos, no tomarnos tan en serio nuestros juicios al haber fortalecido los sentimientos de interconexión. A menudo, a través de estos ejercicios, podemos lograr el afecto y el deseo de estar con los demás bajando las fronteras de los juicios.

Al cultivar un fuerte sentido de interdependencia, hacemos que sea más fácil sentir afecto. La razón es bastante obvia. Cuando contemplamos la interdependencia, nos volvemos más conscientes de lo mucho que dependemos de los demás y de lo mucho que los demás dependen de nosotros. No solo empezamos a vernos en los demás, vemos nuestra comunidad fundamental. El hecho de saber que todos queremos obtener bienestar y minimizar el sufrimiento, es decir, el conocimiento de la interconexión y la comunidad, genera afecto en el corazón. Si nuestras acciones se empiezan a caracterizar cada vez más por la bondad y el espíritu generoso, como resultado, la vida se vuelve más significativa y la satisfacción que surge es esa felicidad o bienestar basados en la red comunitaria. Este afecto, sembrado en el corazón, permite relacionarse sin que, de entrada, los juicios aíslen y sostengan la separatividad.

¡A PRACTICAR!

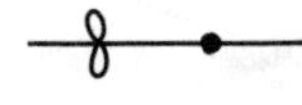

Considerar la igualdad de todos

- Empiece concentrándose en su respiración.

- Sienta cómo cada persona en la red es una persona que recibió la bondad de los otros y que también fue bondadosa con los demás. De esta manera, todos somos iguales, no importa lo afortunados que seamos, no importa cuánto trauma y dolor hayamos tenido que soportar, muchas otras personas en el interminable entramado de soporte pasaron por algo exactamente igual de bueno o de malo. Todos lo consiguieron o lo superaron gracias a la bondad de los demás, y cada uno transmitió un poco de bondad y cariño a otra persona. De hecho, todas las personas que conocemos están aquí debido a un entramado similar de soporte que, a medida que retroceden en el tiempo, se hace más grande y ancho hasta que, finalmente, se superpone al suyo. Todos tenemos raíces comunes de bondad y cariño.

- Imagine todos los diferentes entramados de apoyo que retroceden en el tiempo de los que forma parte cada persona con vida. Hoy en día todos están llenos de personas que, queriendo evitar el sufrimiento y alcanzar la felicidad, encontraron tiempo para ser bondadosos y cuidar al menos a otra persona. De esta manera tan fundamental, todos somos prácticamente iguales.

- Imagine que cada persona y la red de apoyo que la sostiene están bañados por la cálida luz de la alegría amorosa. No importa que hayamos recibido poco o que hayamos recibido mucho. Todos seguimos siendo la prueba viviente de la verdad y el cariño de los demás.

- Relájese soltando esta contemplación por unos momentos y después ponga el foco sobre la respiración.

- Termine esta práctica con una aspiración, con una declaración que dice: "Que todo el mundo sea feliz, que tenga razones para la felicidad, y que todo el mundo se libere del sufrimiento y de su causa", hermosa oración budista.

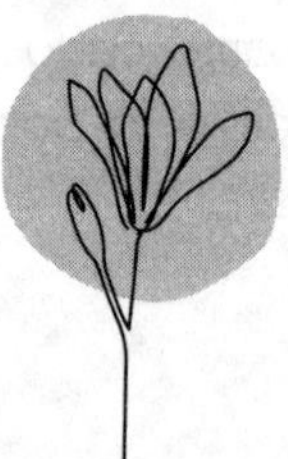

Experimentar y compartir la alegría

- Empiece creando espacio y concentrándose en su respiración.

- Al cabo de unos minutos, recuerde una época en la que fue verdaderamente feliz. Recuerde los detalles de esa época, dónde estaba, en qué habitación, puede ser al aire libre, los detalles del lugar. Recuerde las imágenes, el sonido, un olor distintivo, sobre todo, recuerde lo que sentía en esa despreocupación y en ese estar lleno de alegría. Métase en serio en esa alegría. Siéntase relajado, despreocupado. Hágalo lo más nítido posible, sienta su corazón abierto, cualquier tensión en su cuerpo se calma y permite experimentar plenamente esa alegría de hace años.

- Imagine que la alegría también se está manifestando como una luz suave que lo rodea. Descanse en esa sensación de luz suave, de la alegría, por un tiempo. Ahora imagine que la persona con la que se siente más cerca está justo enfrente de usted.

- Comparta con ella este sentimiento de felicidad, de alegría, sin preocupación alguna.

- Invítela a compartir esta sensación de alegría y también a sentirse rodeada por esta luz de bienestar. La alegría compartida se multiplica, la tristeza compartida se reduce. En su cara hay dibujada una sonrisa dulce y natural mientras disfruta de la sensación de despreocupación.

- A continuación, imagine unas cuantas personas cercanas a usted apareciéndole delante. Comparta este sentimiento de felicidad y de bienestar con ellos también. Únanse todos, rodéense todos en la maravillosa luz de la alegría. Las caras de todos están con una dulce sonrisa. Siéntase feliz viendo envueltos a todos los que quiere y a usted mismo en esa luz de felicidad de despreocupación.

- Puede expandir aún más este campo de alegría. Imagine que invita a un grupo de personas que le gustan, a colegas del trabajo o de sus redes sociales, comparta la luz de la felicidad como lo hizo antes. Invítelos a experimentar esta misma alegría que está experimentando. Deje que se disuelva toda la tensión, el dolor y descanse con ellos.

- Si no había hecho esta práctica antes, este podría ser un buen momento para parar. Vuelva a crear espacio y ponga el foco en la respiración. Termine con la aspiración "que todos sean felices, tengan razones para la felicidad y estén libres del sufrimiento y de sus causas".

- Si está padeciendo una relación tóxica con alguien, si está viendo en su grupo de pertenencia, en su trabajo o en su familia una relación que lo afecta, le preocupa y le genera malestar, intente este ejercicio de compartir la alegría y la luz del bienestar con esa persona. ¡Luego me cuenta!

Tomamos muchas decisiones basadas en juicios que provienen de la función cerebral primaria que responde a nuestro cerebro reptiliano y a nuestro sistema de defensas. Esta clase de proceso de juicio inconsciente y automático nubla nuestra visión y nos impide experimentar el mundo de forma auténtica y, a veces, nos perdemos hermosas posibilidades de relación y pueden causar efectos negativos en nuestros espacios profesionales y personales. La buena noticia es que podemos aprender a relajar este hábito de hacer juicios rápidos cultivando la bondad amorosa y la compasión durante la meditación, así como celebrando la buena fortuna de los demás y alegrándonos con logros ajenos y compartiendo los propios.

Como pudo leer en los últimos ejercicios sobre soltar los juicios, apareció al final de cada uno la aspiración de que todo el mundo sea feliz.

Le sugiero que formule la aspiración "que todo el mundo sea feliz, que tenga razones para la felicidad y que esté libre de sufrimiento y de sus causas".

Es un deseo que formulamos cuando terminamos las prácticas con la misma motivación positiva con la que empezamos, ya que nuestras acciones son el resultado de nuestros pensamientos. Es bueno terminar nuestra sesión de meditación con la aspiración genuina de que los demás puedan experimentar la felicidad y estar libres de la pena. La palabra "aspiración" tiene dos significados: 'el deseo de alcanzar una meta' y 'el acto de respirar'. Así que una estos dos significados y cree pensamientos sobre la respiración que influirán en sus acciones. Después de que termine su práctica, al final, mientras respira, inspire, expire e imagine que el universo está tocado por la cálida luz de la felicidad, que irradia su sentimiento afectuoso hacia todos los seres, todos los objetos inanimados, y que se bañan en la luz de la bondad.

Mientras respira, piense el deseo de que todos los seres estén libres del dolor y de sus causas. Hágalo todo el tiempo que pueda, pero, como mínimo, tres inspiraciones y tres espiraciones con este deseo. Respire con el deseo de que todo el mundo pueda estar libre del sufrimiento y envuélvalos en una espiral cálida y de suave luz de la felicidad.

Los monjes y las monjas contemplativos tienen la convicción de que un simple pensamiento de bondad conducirá a acciones que proporcionan auxilio. Estas acciones son el efecto de un simple instante de pensamiento que tiene el potencial de crear un tsunami de resultados por-

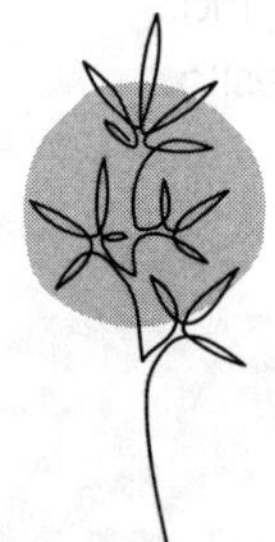

que formamos parte del sistema, porque somos un hilo de la red, porque formamos parte del entramado, y sin nuestro hilo falta color en el tapiz.

La última actitud: estar atento. El aprender a estar atento permite ser capaz de integrar en la vida diaria la comprensión, la empatía y el cariño que experimenta.

Durante los ejercicios de meditación la atención significa que préstamos nuestra consideración a los demás y reaccionamos ante ellos de una manera cariñosa.

El enfoque que le he dado es tratar los pensamientos y las emociones complicadas de la misma manera que un anfitrión experimentado trataría a los invitados. Puede aplicarse también a la interacción con otras personas, un anfitrión experimentado atiende las necesidades de un huésped problemático con amabilidad y cariño para que la fiesta siga siendo divertida para los demás. Del mismo modo, al acercarnos a los demás en armonía, con la naturaleza interconectada de la realidad, les brindamos nuestras actitudes de atención, bondad y cariño. Entonces, todos se benefician, especialmente, el que está adentro. Hay cuatro soportes que facilitan el estar atento a la interconexión y el sostener la alegría: la generosidad, la paciencia, la constancia y el compromiso. Por ejemplo, si un amigo está pasando por un momento complicado, ha perdido el trabajo, tiene problemas familiares, financieros o simplemente se siente desanimado, renuncie a algo de su tiempo para ir a verlo y hablar con él, dele su apoyo. Si ve a un mendigo, considere darle apoyo material, comida, pero también ofrézcale una sonrisa; si se encuentra con una persona testaruda y mandona, ofrézcale su respeto, ya que lo más probable es que sea eso lo que ella quiere o necesita.

Cuando alguien comparte de una manera que no nos gusta o con la que no estamos de acuerdo, normalmente empezamos a generar resistencia, a ponernos tensos, y después, comenzamos a actuar desde nuestra propia resistencia. Pero con una actitud atenta, paciente y generosa, como un experimentado anfitrión en una fiesta, puede pensar "¿Cómo puedo darle a esta persona lo que quiere?". Tal vez el hecho de escuchar de todo corazón haga la magia.

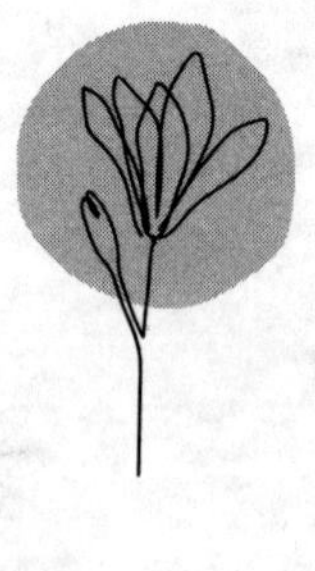

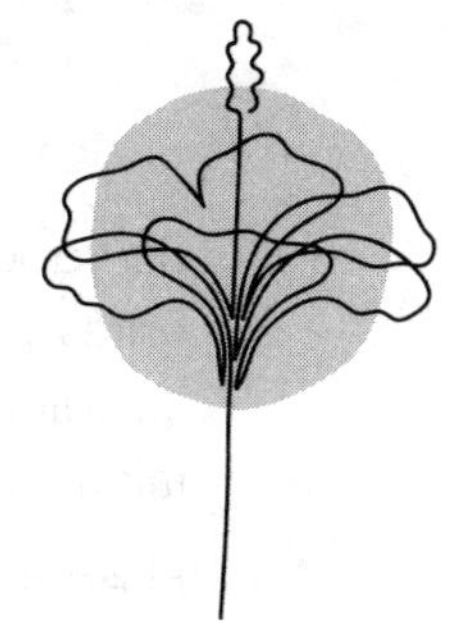

Sexta parte

LA SALUD Y EL *MINDFULNESS*

"No podemos detener las olas, pero podemos aprender a surfear".

DR. JON KABAT-ZINN

Mindfulness, atención o consciencia plena, consiste en prestar atención de manera consciente a los pensamientos, las emociones, las sensaciones corporales y el ambiente circundante. La atención se enfoca en lo que se percibe en el momento presente, en el aquí y ahora, y se acepta sin juzgar si lo que pasa es correcto o no.

Es un estado mental que permite discernir los pensamientos útiles de los que no lo son y que comportan una excesiva rumiación (gran preocupación por los problemas y las posibles causas y consecuencias).

Jon Kabat-Zinn fue quien popularizó el *mindfulness* en el mundo occidental inspirándose en sus conocimientos de meditación y yoga. Sin embargo, a pesar de ello, debido a su formación científica (es doctor en Biología molecular y médico), desarrolló esta metodología también para el espacio de la salud y realizó varios estudios sobre la eficacia de la atención plena en medicina preventiva y desórdenes de la salud, desde un marco científico y no religioso.

Su trabajo de investigación se centró en el impacto del estrés y su relación con diferentes patologías, y lo aplicó inicialmente a pacientes que no mejoraban con tratamientos médicos habituales.

El estrés es un concepto paragua que abarca las distintas presiones a las que la vida nos somete.

En estos últimos años, es un diagnóstico habitual que está en la explicación de diferentes dolencias, problemas cardíacos (como hipertensión y arritmias), dolencias gastrointestinales, trastornos del sueño, jaquecas, caída del cabello, alergias, falta de concentración, cansancio crónico.

Cuando estamos estresados, todo es urgente. La aceleración interna y la ansiedad para dar respuesta ya mismo no nos permiten discriminar ni elegir qué hacer primero, qué postergar y qué reprogramar.

Para bajar el nivel de tensión que provocan los estresores (cualquier situación interna o externa, sentimiento o pensamiento que provoca estrés) necesitamos reformular nuestra vida cotidiana.

En los últimos años, ha habido una gran difusión del *mindfulness* entre personas sanas que desean tener una vida saludable y equilibrada, y también entre distintos profesionales del ámbito de la salud que se interesan por los hábitos saludables y la medicina preventiva.

Beneficios del *mindfulness* para la salud

A los fines didácticos, y a modo de ejemplo, dividiré los beneficios en biológicos y psicológicos, aunque unos y otros están completamente conectados.

Beneficios biológicos 

- Desciende la presión arterial.
- Disminuye el dolor, en relación directa con el número de horas acumuladas de práctica.
- Mejora la inmunidad y la salud celular.
- Disminuyen los marcadores de estrés.

Beneficios psicológicos 

- Mejora las funciones cognitivas, aumenta la atención, la concentración y la memoria.
- Se aprende a gestionar las emociones y el estrés. Se toman mejores decisiones porque funciona mejor el córtex prefrontal y existe un mayor control sobre la amígdala cerebral (cerebro emocional).
- Controla la ansiedad.
- Disminuyen las adicciones.
- Mejoran los problemas alimentarios.
- Disminuye la depresión.
- En general, la gente que medita está más satisfecha y siente un mayor bienestar.

Estos beneficios no son exclusivos de los pacientes. Cualquier persona que practique *mindfulness* con regularidad los notará en poco tiempo.

Los profesionales de cualquier área que tengan un desempeño profesional exigente y las personas que estén atravesando situaciones de vida especialmente estresantes (divorcio, mudanza, separación, duelos, despidos, cambio de trabajo, ascensos, otros) se pueden ver beneficiadas por esta práctica y así evitar impactos negativos en su salud.

Estas técnicas son de los mejores métodos para evitar el estrés y el *burnout*.

El nivel de estrés que padecemos habitualmente obedece a dos variables: a los factores estresantes en sí mismos y a cómo impacta en un individuo concreto. Por lo tanto, inciden factores personales, ambientales y la intensidad del estresor.

El medio ambiente, es decir, el contexto en el que está inmerso el individuo, tiene mucho peso en la interpretación favorable o desfavorable de lo que sucede y de la forma en la que se va a gestionar la circunstancia estresante. Además, influye dónde la persona vive, trabaja, con quién se relaciona y si ya ha sufrido acontecimientos traumáticos.

Por eso la palabra "estrés" engloba un número de factores para considerar cuando necesitamos articular caminos de superación. Es por esto mismo que la práctica del *mindfulness* que compromete nuestra mente, nuestro cuerpo y nuestras emociones genera un efecto tan positivo en nuestro bienestar en relación con el estrés, porque involucra nuestro ser entero en dinámicas del bienestar que neutralizan, aunque sea en parte, la dolorosa vivencia del estrés agudo y, sobre todo, del estrés crónico.

El estrés agudo es generado por una circunstancia puntual que nos afecta y tiene un tiempo determinado de duración. Deja sus secuelas y efectos, pero tiene un plazo. Los recursos de sanación para instrumentar tienen por objetivo: superar el estrés postraumático o posterior al evento estresante.

El estrés crónico, en cambio, se extiende en el tiempo. Es una circunstancia que nos acompaña largo tiempo (una enfermedad familiar, un trabajo muy exigente, una relación familiar tóxica), y sus efectos sobre nuestra salud son muy agresivos porque nos vamos acostumbrando al "mal vivir" y las sustancias perjudiciales del estrés se instalan en nuestro sistema en forma permanente, produciendo una variedad de síntomas tanto físicos como psicológicos.

La práctica habitual de la atención plena va paulatinamente haciendo que tomemos consciencia de nuestra realidad, cambiemos nuestra perspectiva, bajemos en la meditación los niveles de cortisol aumentando las llamadas "hormonas del bienestar".

Este aire que tomamos en cada respiración consciente va permitiendo que "tomemos oxígeno" para lidiar con una realidad compleja y va lentamente dándonos la posibilidad de hallar nuevas formas de enfrentar lo que nos sucede. Ya no como víctimas de las circunstancias, sino como una persona que decide y elige mejorar sus circunstancias vitales.

Se han estudiado los patrones de comportamiento que más se ven afectados por el estrés.

Una de las características personales que más resonancia tiene con el estrés es un patrón de comportamiento "tipo A". La persona que presenta este tipo de patrón suele realizar movimientos rápidos, es competitiva, impaciente, no puede perder el tiempo, está muy motivada e ignora las señales de cansancio. Esta personalidad se ha relacionado con un aumento de probabilidades de sufrir infarto de miocardio. Usted puede ser de este tipo o alguien muy cercano a usted. Preste atención y verá que esta tipología se repite en un alto porcentaje en los medios de vida exigentes y competitivos, sobre todo, en las grandes ciudades.

A continuación, mencionaré una lista de los llamados "estresores ", en decir, los eventos que son generadores de mayor carga de estrés en la mayoría de las personas.

Los enunciaré en relación con las circunstancias que validan y en orden, de mayor a menor impacto estresante.

A saber:

- La muerte del cónyuge.
- El divorcio.
- La separación.
- El encarcelamiento.
- La muerte de un familiar cercano.
- Una enfermedad personal.
- El matrimonio.
- El despido.
- Una reconciliación matrimonial.
- La jubilación.
- El cambio en la salud de un miembro de la familia.
- La drogadicción.
- El alcoholismo.
- Un embarazo.
- Dificultades o problemas sexuales.
- Incorporación de un nuevo miembro a la familia.
- Reajuste de un negocio.
- Cambio de la situación económica.
- Muerte de un amigo íntimo.
- Cambio en el tipo de trabajo.

- Mala relación con el cónyuge.
- Juicio por crédito hipotecario.
- Un hijo que deja el hogar.
- Un logro personal notable.
- La esposa que comienza o deja de trabajar.
- El comienzo o el fin de la escolaridad.
- Revisión de hábitos personales.
- Problemas con el jefe.
- Vacaciones.
- Cambio del hábito de dormir.

La lista continúa. Estos son los más habituales. La realidad actual sigue sumando factores estresantes a diario. La viralización de la información y el ritmo actual de los cambios, con la intensa incertidumbre que sentimos a diario, causan efectos estresantes que hace cincuenta años la humanidad no padecía en forma habitual y constante.

Reconocer las señales

¿Cómo reconocemos las señales de estrés?

Cuando son muy evidentes y se dan en el mismo momento en que una tarea o evento produce el estrés, las señales son relativamente fáciles de detectar: nerviosismo, palpitaciones, contracturas, dolores agudos abdominales o en el pecho.

Pero, a veces, las molestias no suelen ser tan claras. Y aparecen con el tiempo: trastornos del sueño, mal humor, falta de concentración, molestias digestivas, tensiones musculares.

Son difíciles de reconocer hasta que los síntomas se hacen más notables, es decir, cuando se convierte el estrés en estrés crónico.

Los síntomas del estrés se dividen en físicos y psicológicos y mentales. A nivel didáctico, voy a separarlos, como frecuentemente se utilizan, para poder aprender a gestionarlos. Debemos considerar que esta división de los síntomas físicos del estrés, por un lado, y, por otro, los síntomas mentales y psicológicos del estrés crónico, en realidad, se da en forma conjunta y complementaria.

Síntomas físicos del estrés

- Cerebro y sistema nervioso: insomnio, nerviosismo, parestesias.

- Piel y faneras: caída del pelo, erupciones, picor.

- Corazón y aparato circulatorio: palpitaciones, hipertensión.

- Aparato digestivo: dolores abdominales, diarrea, estreñimiento.

- Órganos sexuales: disfunción eréctil, anorgasmia, falta de apetito sexual.

- Aparato locomotor: dolores musculares y articulares, contracturas y cansancio.

Síntomas mentales y psicológicos del estrés crónico

- Trastornos cognitivos: pérdida de concentración, lapsus de memoria, indecisión.

- Trastornos emocionales: inestabilidad emocional, ansiedad, apatía, depresión, pérdida de confianza.

- Cambios conductuales: abandono personal, conductas adictivas.

-Cambios laborales: adicción al trabajo, ineficacia, ausentismo.

Estrategias para gestionar el estrés

La mayoría de las estrategias que se usan para gestionar y tratar el estrés crónico también sirven para prevenirlo.

La diferencia estriba en que siempre es "más eficaz y fácil prevenir que curar".

En los distintos capítulos que estuvimos viendo y en las distintas prácticas asociadas al *mindfulness*, encontramos cantidad de recursos que funcionan efectivamente para gestionar los periodos de estrés.

- **Tomar conciencia de cómo nos sentimos es el primer paso**. Esto depende de nosotros. Darnos cuenta de qué nos pasa y cuáles son las circunstancias que nos afectan puede ser objeto de meditación, en cualesquier práctica propuesta, desde el escaneo corporal, crear espacio, caminata consciente, respiración en los elementos; todas nos van a permitir tomar conciencia de lo que nos sucede y, de ahí en adelante, decidir qué hacer con esa realidad.

- **Realizar una pequeña pausa cada día,** como hemos estado trabajando en el tema de las minipausas. Empezar por una hasta ir aumentando. Tener pequeños cortes de paz en el día, a la mañana, al mediodía, la tarde y a la noche, que nos permitan conectar con las emociones y con el cuerpo.

- Es útil **realizar en ese momento respiraciones conscientes y preguntarse "¿qué siento?"**. Y ver qué señales corporales enviamos, en relación con cómo nos estamos sintiendo en este momento.

- Realizar ejercicios de *mindfulness*, cualquiera de ellos, es beneficioso para gestionar el estrés, para impactar positivamente en cualquiera de los síntomas físicos, y también en los síntomas mentales y psicológicos del estrés crónico.

Si bien puede no ser una actividad terapéutica principal, es una excelente actividad complementaria de cualquier tratamiento, utilizada hoy en día por profesionales de la medicina y de la psicología, con notable frecuencia.

- Cuidar el cuerpo: realizar ejercicio físico.

- Cuidar la alimentación: comer y beber en forma consciente.

- Caminar en forma consciente: esto nos va a llevar a un mayor espacio de bienestar.

- Realizar ejercicios de agradecimiento. Como hemos trabajado en las diferentes actividades de gratitud, enfocarnos en lo que hay, en lo que tenemos disponible, en nuestros espacios de bienestar actuales, y sacar el foco de lo que nos falta, de los espacios de escasez, es una de las claves para lidiar con el estrés mental.

- Seleccionar lo importante de lo urgente.

- Soltar los juicios de urgencia, soltar los juicios de escasez, y empezar a trabajar nuestra mirada de confianza apoyada en lo que sí tenemos, en la red que tenemos formada, en quiénes nos sostienen afectivamente.

- Ser asertivos y aprender a decir que "no" a las demandas

que nos sobrecargan y que nos roban tiempo. Meditar para qué decir "sí" cuando necesitamos decir "no".

- Recordar el propósito de lo que estamos desarrollando, conectarnos con nuestra vocación, con el motivo por el cual elegimos hacer lo que hacemos.

- Reconocer las propias cualidades y talentos, y felicitarnos, festejar y celebrar los logros y éxitos profesionales.

- Ampliar nuestra red de relaciones.

- Aprender a ser atentos, compasivos, estar presentes y ser amorosos con los demás nos va a posibilitar ampliar nuestra red de contención.

- Preocuparse por los demás. Salirnos de nuestro ombligo, mirar alrededor, tener en cuenta a los demás. Es útil salirse de uno mismo para dejar de sentirnos víctimas de las circunstancias y empezar a ser proactivos.

- Utilizar la risa como recurso fundamental. Conectar fácilmente con la risa nos lleva directo al bienestar. Es precisamente el sentido del humor lo que nos permite relativizar. Usarlo cada vez que podamos bajar la intensidad de las circunstancias que estamos viviendo aligerará la carga.

- No tomarnos tan en serio, "tomarnos el pelo" un momento observando nuestras reacciones exageradas, y así darle perspectiva a nuestra visión de las cosas. Reírnos de nuestra propia forma exagerada de reaccionar y de preocuparnos por temas intrascendentes puede ser el mejor antídoto contra el estrés.

Mejorar nuestra salud con el *mindfulness*

Recordar los principios básicos de la atención plena

1. *Una mente de principiante curiosa*, ver como si fuera la primera vez, oír un sonido, mirar un objeto y, en

especial, ser observador de uno mismo, de los propios pensamientos, de las emociones y las acciones.

2. *Actitud de aceptación*: la aceptación de lo que nos está sucediendo en el momento presente, nos guste o no. La actitud de aceptación implica trabajar sobre el sufrimiento primario, que es solo un 20% de lo que nos sucede; el 80% de lo que nos sucede son nuestros pensamientos, nuestras preocupaciones y lo que nos decimos a nosotros mismos. Trabajar en *mindfulness* y en la aceptación consciente permite bajar considerablemente el 80% de nuestro sufrimiento secundario.

3. *No juzgar ni juzgarnos*: no existe la posibilidad de hacerlo mal, se está aprendiendo. Es normal que la mente divague, que aparezcan pensamientos, inquietudes, preocupaciones, y a pesar de ello, se sigue con la práctica. Cuando el practicante se da cuenta de cómo es su mente, puede tratarse con amabilidad y volver a concentrarse en la respiración una y otra vez, y volver una y otra vez a las sensaciones del cuerpo. Así, lentamente, los pensamientos involuntarios se van domesticando.

4. *Intención y atención*: tener la intención de recordar el para qué se está haciendo la práctica de *mindfulness*, su utilidad y beneficios para nuestra salud. Poner la atención en el momento presente para facilitar lo que conviene y centrarse en algo concreto, como la práctica, es central. Y sostenernos en un objeto elegido, no dejar que la mente divague, aunque eso es inevitable al principio.

5. *Consciencia*: aumentar el nivel de consciencia en todo lo que se hace durante el día, no solo cuando se medita, de manera formal o al hacer ejercicios informales de *mindfulness*.

Ser más consciente ayuda a tomar mejores decisiones. Incluso se puede practicar *mindfulness* mientras se está hablando o discutiendo; en lugar de dejarse llevar por los impulsos, se puede prestar atención a las palabras que se dicen y a las emociones propias y a las de la otra persona.

EJERCICIOS PRÁCTICOS DE *MINDFULNESS* PARA MEJORAR LA SALUD

Todos los ejercicios que he presentado se pueden practicar desde un minuto hasta media hora.

Es recomendable iniciarse poco a poco, como ya hemos visto, e ir aumentando el tiempo de práctica.

Los ejercicios de *mindfulness* se dividen en formales e informales, aunque hay algunos que pueden estar en las dos categorías, como veremos a continuación.

Los *ejercicios formales de meditación* son aquellos a los que dedicamos un rato cada día como práctica pautada. Preferentemente, meditar en posición sentada, con la postura erguida, pero sin estar tenso. Sin embargo, existen otras posturas alternativas, como estar en el suelo, acostados sobre un cojín.

Ejercicios informales de mindfulness son los que realizamos con plena consciencia aprovechando cualquier actividad cotidiana; simplemente somos conscientes de lo que estamos haciendo, y nos concentramos en la tarea, por ejemplo, lavarse las manos, los dientes, caminar, comer, beber. Todos estos ejercicios tienen en común que nos ayudan a salir del piloto automático y nos hacen ser más conscientes de las actividades de la vida diaria, y también nos permiten hacer alguna pausa para liberar el estrés acumulado o para prevenirlo.

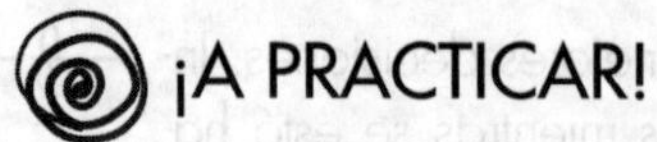

¡A PRACTICAR!

A continuación, veremos algunos ejercicios que clasificaremos entre "formales" e "informales".

Ejercicios formales de *mindfulness*

Estoy haciendo un resumen de lo visto, para que comprendamos que las prácticas que fuimos aprendiendo son aplicables a la mejora de nuestra salud, cualquiera sea la patología que tengamos. Utilizando en forma complementaria el *mindfulness*, mejorará nuestra predisposición corporal, emocional y energética.

- *Respirar con atención plena*

Sabemos que respirar es una de las funciones del organismo que se realiza de manera automática, a menos que exista alguna disfunción. Sin embargo, se convierte en voluntaria si uno se lo propone. Se puede modificar el ritmo, se puede modificar la profundidad.

Se puede utilizar la respiración como objeto soporte de la meditación. Lo importante es el hecho de estar atentos a lo que sucede sin pretender cambiar nada.

Casi todos los ejercicios de *mindfulness* empiezan por la respiración, que, a la vez, es un ejercicio por sí solo.

El primer paso consiste en tomar conciencia de que se está respirando, salir del piloto automático, sin intentar modificar la respiración. A veces, con realizar tres respiraciones es suficiente para un reinicio, un restablecimiento para bajar el nivel de tensión o de estrés y después seguir con la tarea habitual. Así de sencillo, como a veces cuesta centrarse en la respiración, porque aparecen pensamientos que lo impiden, se la puede acompañar con movimientos de las manos.

Al inspirar se suben las palmas de las manos hacia arriba y, cuando se espira, se bajan.

Otra opción es concentrarse en sentir cómo el aire entra por la nariz o por la boca, y se expande el tórax o el abdomen. Es importante centrarse en cómo se hace y no modificar nada.

- *El chequeo o escaneo corporal* es una práctica sumamente utilizada en *mindfulness* y salud para cualquier tipo de tensión, para mermar el impacto del dolor en cualquier patología que se esté viviendo, para bajar los niveles de estrés corporal, para bajar la hipertensión.

Escuchar nuestro cuerpo es una buena ancla para regresar al momento presente. Se trata de realizar un chequeo de las distintas partes del organismo, como ya hemos visto.

Lo importante de esta práctica es "escuchar nuestras sensaciones internas". Se puede practicar sentado, tumbado, hacerlo pocos minutos o dedicarle media hora antes de dormir.

Nos prepara maravillosamente para tener un descanso reparador. Es muy bueno y útil aplicarlo cuando tenemos insomnio.

- *Caminar de manera consciente* también es una práctica excelente para hacer tierra, estabilizar la energía y generar una buena descarga psicofísica.

Cuando estamos pasando un período de estrés, andar de manera consciente, observando los pies, las piernas, nuestros brazos, nuestros movimientos a cada paso, aumenta nuestros niveles de autopercepción y nos da tranquilidad. Nos sosiega.

El ejercicio de caminar de manera consciente se puede practicar como formal o informal, dependiendo de la finalidad. Específicamente, si se realiza la práctica de andar como un medio para meditar sin pretender ir a ningún lugar en concreto, es un ejercicio de *mindfulness* formal.

Si, por el contrario, lo incorporamos cuando vamos andando hacia algún sitio, como una práctica informal, llegaremos a destino en el mismo tiempo, pero habremos aprovechado el camino para calmar la mente.

Si a este ejercicio (o a cualquiera que elijamos) le sumamos la *gratitud* por tener la capacidad de andar y estamos agradecidos por lo maravilloso que es estar sano y pudiendo llevar adelante una marcha consciente, sumaremos mayor beneficio.

También si al caminar nos recordamos sonreír y hacerlo también en compañía, es un excelente ejercicio. En su libro *La paz interior*, Thích Nhất Hạnh, monje budista vietnamita, precursor de *mindfulness*, así lo explica utilizando la regla mnemotécnica MAGIC, para alcanzar una meditación muy profunda:

Cada letra nos recuerda un ejercicio. Están escritas en inglés, que respetaré para mantener la regla mnemotécnica y su descripción.

La M (*My breath and body*): ser conscientes de la respiración y del cuerpo.

La A (*Aware to be awake*): estar despiertos y ser conscientes de ello; estar atentos y con curiosidad a lo que aparezca en este nuevo día y con actitud de principiante.

La G (*Gratitude*): agradecer cualquier situación que nos haya sucedido en el día anterior. Agradecer cualquier cosa sencilla.

La I (*Intention*): seguir las leyes de intención y de atención. Tener una intención, un propósito que sirva para todo el día o para la actividad que vayamos a realizar. Por ejemplo, hoy escucharé de manera más activa a mi pareja.

La C (*Connection*): se refiere a generar conexión. Conectar con amigos, conocidos o enemigos, pensar en ellos, sentir de alguna forma que son parte de la red a la que pertenecemos.

MAGIC:

Mi respiración y cuerpo

Atención

Gratitud

Intención

Conexión

Actividad: Crucigrama

Arme un crucigrama con las letras de la palabra MAGIC y complételo.

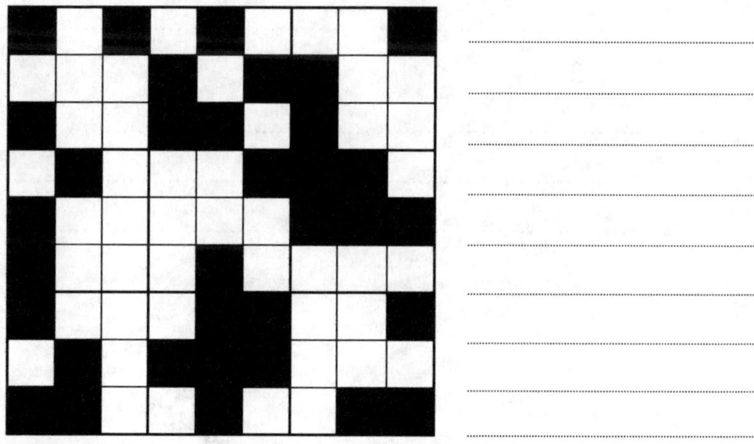

Juegue con las opciones creativas que le surjan.

Ejercicios informales de mindfulness

- Pararse en los semáforos de color rojo.

- Lavarse las manos con plena consciencia.

- Observar nuestras manos igual que a la respiración. Las manos nos acompañan a todas partes, podemos aprovechar cualquier momento del día para hacer cualquier actividad de manera plena y consciente.

Actividad

Invente cinco actividades de *mindfulness* informales que no estén descriptas en el libro.

1.

....

....

....

2.

....

....

....

3.

....

....

....

4.

....

....

....

5.

....

....

....

....

Mindfulness *y compasión*

Muchos de los ejercicios anteriores sirven para prevenir el estrés y el malestar, además de obtener otros beneficios. Sin embargo, a veces las preocupaciones nos superan y estos ejercicios no son suficientes para aliviar el sufrimiento.

¿Qué más podemos hacer en esos momentos?

La filosofía del *mindfulness* contempla el sufrimiento como inevitable, ya que forma parte de la vida.

Nos invita a aceptarlo, a no negar el sufrimiento, a no hacernos "los fuertes", ni reprimir nuestras emociones. Por otro lado, nos entrena para poder gestionar el sufrimiento secundario, el que representa el 80% de nuestro sufrir, aceptando plenamente que el 20% del sufrimiento es primario e inevitable.

Si podemos influir en el 80% del sufrimiento que forma parte de nuestra manera de mirar el sufrimiento, podemos bajar notablemente nuestra vivencia del sufrimiento y evitar que su impacto estresante nos enferme.

Es importante, para disminuir el sufrimiento optativo (el mental que proviene de nuestras interpretaciones o emociones), **no recriminarnos ni sentirnos culpables** por lo que hemos hecho o dejado de hacer.

Para gestionar el sufrimiento, una de las mejores vías es la **compasión**. La palabra "compasión" es disonante para los hispanoparlantes porque se suele asociar a cuestiones religiosas, a la pena o a la lástima. En cambio, para los angloparlantes tiene una connotación positiva, tiene el significado de sumarle a la comprensión la empatía.

La necesidad de hacer algo para aliviar el sufrimiento, aunque solo sea la intención aliviarlo tanto con relación a uno mismo como a los otros, significa no añadir más sufrimiento secundario (80%) al primario (20%), que es lo que ocurre cuando al dolor primario e inevitable le agregamos sentirnos culpables de lo que nos está pasando. Esto añade sufrimiento innecesario.

En algunas universidades norteamericanas hay contenido dentro del plan formativo de algunas facultades, como la de Medicina o Psicología, para tener un apartado sobre la compasión.

Una de las cátedras pioneras de la Texas Christian University propone tres pasos para lidiar y gestionar el sufrimiento primario desde la compasión, sin añadirle una sobredosis del secundario (80%), que tiene que ver con la culpa que se nos genera cuando sufrimos.

Estos tres pasos de mindfulness *y compasión son los siguientes*

1. **Reconocer el sufrimiento**, no negarlo, decirse frases del tipo: "este es el momento de sufrimiento", "estoy atravesando un mal momento", "me resulta doloroso sentirme así".

2. **Normalizar**, a muchos les sucede lo mismo, no está solo. El sufrimiento forma parte de la vida, no es una cosa anormal, la mayoría de las personas se han sentido de esta manera alguna vez.

3. **Autocuidado y atención hacia uno mismo**, ser amable y comprensivo con uno mismo, en este momento. Realizar algún gesto de cariño, de ternura para uno mismo, como ponerse las manos en la cara, darse un abrazo, a la vez que se dicen algunas palabras de consuelo como: "ahora necesito tratarme con ternura", "merezco y acepto recibir compasión de mí mismo".

No es fácil ser compasivo con uno mismo, no ha sido nuestra práctica cultural más frecuente.

Con frecuencia nos recriminamos porque creemos que no nos merecemos compasión; si nos la damos, pensamos que somos "demasiado blandos".

Para facilitar esta tarea es útil reflexionar sobre cómo trataríamos y qué le diríamos a un amigo si estuviera pasando un momento difícil como el nuestro y aplicarnos las mismas acciones.

A las personas que les gustan los animales y tienen una mascota les puede ayudar pensar que a menudo tratan mejor a su perro o a su gato, que a sí mismo.

Ejercicio del gesto compasivo

Cuando se abraza a otra persona, además de mostrarle afecto, se influye en su bienestar y también en el propio. Los estudios demuestran que los abrazos y caricias hacen aumentar el nivel de oxitocina, hormona del bienestar, y disminuir el cortisol, hormona del estrés. Todo ello contribuye a calmar y relajar lo que uno experimenta.

Se ha demostrado que estos efectos biológicos también se producen cuando la persona se realiza gestos compasivos a sí mismo.

Los gestos compasivos se practican durante un ejercicio de *mindfulness* formal o de manera informal. En este caso se realiza algún gesto aislado en cualquier momento del día que se necesite.

De manera formal se empieza por la respiración, como en la mayoría de las meditaciones, y después se realiza una secuencia de gestos compasivos.

Se recomienda acompañarlos con palabras de consuelo, aunque también puede realizarse en silencio.

Secuencia de gestos compasivos:

- Ponerse una o dos manos sobre el corazón o en el centro del pecho.

- Poner una mano en el pecho y otra en el abdomen.

- Poner ambas manos en el bajo vientre.

- Abrazarse a uno mismo y acariciarse los brazos.

- Acariciarse y frotar suavemente los muslos.

- Darse palmadas en los hombros.

- Acariciarse el dorso de la mano o frotarse las manos o las puntas de los dedos.

- Acunarse la cara con las manos abiertas.

- Acariciarse la mejilla o la frente.

- Acariciarse el pelo, frotarse el cuero cabelludo.

EJERCICIO DE DAR BUENOS DESEOS

Tener buenos deseos no solo influye de manera positiva en quien lo recibe, sino también en quien los da. Y además es útil desearse cosas positivas a uno mismo durante el día.

Existen múltiples ocasiones para practicarlo en algún momento oportuno, cuando se conduce, cuando nos cruzamos con otras personas en la calle, o en el espacio del trabajo.

Un momento muy oportuno es prestar atención a las personas que tenemos alrededor. Porque no prestamos atención cuando estamos en una particular situación de tensión o estrés, por ejemplo, conduciendo o en nuestro puesto de trabajo. Sin embargo, ¡ese es un excelente momento para invertir la tendencia! En ese momento, aprovechemos para pronunciar en silencio alguna de las siguientes frases:

- "Te deseo que estés en paz o que vivas en paz y armonía".
- "Deseo que te sientas seguro y que regreses sano y salvo a tu casa".
- "Te deseo que seas feliz o que vivas feliz".
- "Te deseo que la vida o las cosas se te hagan fáciles".

Actividad de reconocimiento del propio valor y amor esenciales

- Escriba tres frases amorosas hacia usted mismo, que indiquen cuánto valora lo que está haciendo en este momento de su vida.

....

....

....

....

....

....

....

....

....

- Acompáñelas con tres gestos compasivos, que refuercen su creencia en lo que vale y en su dignidad amorosa esencial.

Epílogo

Para llevar adelante las prácticas saludables y generar hábitos de bienestar es preciso trabajar en nuestra agenda y hacer espacio para incluir nuevos hábitos.

Para ello, es importante reconocer la valiosa diferencia entre lo **importante** y lo **urgente**.

Lo urgente es lo que nos condiciona en forma externa. Nos presiona desde afuera y creemos que tenemos que darle respuesta inmediata. Algunas de estas exigencias impuestas o aceptadas no son de verdad urgentes. No son de vida o muerte. Se pueden administrar y gestionar con una agenda efectiva.

Lo importante es aquello que creará nuestro futuro. Son las decisiones, las actitudes y las actividades que generarán la vida que de verdad queremos vivir. Pulsan desde dentro. Lo importante está asociado a nuestros valores y principios fundantes para nuestra vida.

A veces, a fuerza de postergar lo importante, se convierte también en urgente, como la salud, en todas sus formas, física, emocional, psíquica, social o espiritual.

Espero que los ejercicios y prácticas de este libro, usado a diario para mitigar su estrés y permitirle una vida más plena, le sean de utilidad y lo abra a espacios más calmos, más apacibles y serenos, que acrecienten su felicidad un poco cada día.

¡Es el deseo de mi corazón!

¡Gracias por darle sentido a mi reflexionar y por compartir mi búsqueda, querido lector!

Laura García Aros